著　　川﨑聡大

ディスレクシア・ディスグラフィアの理解と支援

読み書き困難のある子どもへの対応

Understanding and supporting
dyslexia and **dysgraphia**

学苑社

まえがき

　昨今、発達障害に関する記事や情報が巷で数多くあふれており、漫画やドラマにも取り上げられる時代になりました。そういった中で「学習障害」ということばを聞いたことがある、という人は少なくないと思います。ただし「学習障害をどの程度知っていますか？」と聞くと、個人差が大きく、「聞いたことがあるだけ」といった人から、実態とかけ離れた、時に誤った理解をしている場合も少なくありません。「そもそも『学習障害』は医学診断名ではないです」と申し上げると、驚かれる方も少なくありません。

　この 20 年で学習障害をはじめとする発達障害全般は、大きなパラダイムシフトを迎えています。情報過多の社会の中で発達障害に関する情報が一気に世の中にあふれ、玉石混交の状態を呈するようになりました。こういった状況では正しい情報ばかりではなく、時に誤解や偏見も広まってしまいます。いわば現在は「発達障害混沌期」にあるといっていいでしょう。昨今の SNS の隆盛で玉石混交の色合いが一層強くなり、情報を得る側がどのように情報を取捨選択するかが問われています。巷であふれる情報や噂の類にはさまざまな思惑が付きまといます。また（後述しますが）「医学診断がなければ発達障害の特性が全くない」というわけではありません。そのため、症状を表すことばや障害名が同じであっても、その人の立ち位置や思惑で指し示す内容は大きく変わります。

　診断基準も大きく変わっています。実は「学習障害」ということば自体は 1980 年以前から存在しますが、教育現場の課題として注目を集めだした 1990 年後半ころの「学習障害」に該当していた児童生徒の実態と、現在（2020 年代）で「限局性学習症（学習障害の医学診断名）」の実態は全く異なっています。診断基準が変化した、というよりも「別物」といっても過言ではありません。学習面のつまずきの背景要因が今よりも解明されていなかった時代の介入は、（当時は最新で正しいと思われていたものでも）今の事実に照らし合わせると誤った対処であり、問題を大きくさせた過去と我々は向き合う必要があります。

　学習障害に関する研究や有効な実践方法の検討はまだまだ発展途上の段階にあります。だからこそ、この混沌期が少しでも落ち着くようにあくまで現時点で間違いが少ない情報をわかりやすく提供することを目的として本書を執筆しました。読んでくださる方の理解が一歩深まり、偏見の防波堤となり、また学習面のつまずきのうち、特に読み書きの苦手な児童生徒の「学習」が少しでも楽しくなることを願っています。

目　次

まえがき ……………………………………………………………………………… 1

第1章　学習の困り感を再考する ……………………………… 5

1　LD・SLD・ディスレクシア・ディスグラフィア
　　──巷にあふれた用語を整理する　6

2　「読み書きの苦手さ」に付きまとう誤解を整理する　15

第2章　「読み困難」とディスレクシアの基礎知識 ………… 21

1　共通する特徴──正確性・流暢性・易疲労性　22

2　「読み困難」とディスレクシアの基礎知識　25

第3章　「書き困難」とディスグラフィアの基礎知識 ……… 43

1　実態理解　44

2　読み書きスキルと認知機能の関連──学力に及ぼす影響　51

3　きれいな字を書く指導は学力に影響するのか？　54

第4章　読み書き障害を行動から見出す
　　　　──インフォーマルアセスメントから ……………… 57

1　実態把握とアセスメントの考え方　58

2　読み書きの苦手さをもつ児童の特徴と発達との対応（ライフステージ別）
　　65

第5章　読み書き障害を定量的に評価する
　　　　──フォーマルアセスメントから ……………… 85

1　読み書き困難の評価（フォーマルアセスメント）とその課題　86

2　スキルに介入する「乖離診断モデル」とは　87

3 全般的知能や包括的な認知検査　91

4 読み書きスキルに関する検査・評価の現状と課題　93

5 読み書き困難に直接影響が想定される認知機能の検査とその課題　96

第6章 学習環境を査定する──読み書き障害における 合理的配慮や個別最適な学び …………………………… 99

1 合理的配慮とは

　　──環境と個へのアプローチはそもそも支援の両輪　100

2 合理的配慮の判断　104

3 読み書き困難における合理的配慮の現状と今後の姿　107

第7章 事例編 ……………………………………………… 111

1 読み書きの困難さの背景はさまざま　112

2 事例についてじっくり語る

　　──特定のスキルに対する介入からなりたい自分のための介入　116

あとがき ……………………………………………………… 123

文献 …………………………………………………………… 125

第 **1** 章

学習の困り感を再考する

1 LD・SLD・ディスレクシア・ディスグラフィア ——巷にあふれた用語を整理する

　「どうしてちゃんとノートが取れないの？（ちゃんと見てないからでしょ）」「繰り返し書いたら覚えられるよ」「良い姿勢で集中しないから、上手に本が読めないんだよ」「ふざけて書くからマスからはみ出るんだ」。筆者自身も子どものころ、このようなことをよく言われた思い出があります。

　この手の伝統的な日本の教育での「常識」や「通説」が信じて疑われなかったことは、実は根拠に乏しいことが明らかになってきました。本邦では長い間（場合によっては今も）勉強が苦手な子どもをみると、「本人の努力の問題」「やる気の問題」とされやすい傾向にありました。さらに（本質の問題を考慮せずに）「何か悩みがあるのか？」と見当違いの対処につながることも少なくありませんでした。昨今、発達障害に関心が集まり、ようやく学習面のつまずきについても「どうも努力ややる気とは別の問題がありそう」と、認識されつつあります。しかし、まだ世間一般の理解や教育現場においてさえ「頑張ればできる！」と努力至上主義から抜け出せていないのも事実です。

　学習面のつまずきに関する理解は（教育現場や専門家においても）幅が大きいといえます。学習障害に関連する用語に関して、学習障害、発達性読み書き障害、ディスレクシア、ディスグラフィア、ディスカリキュリア、限局性学習症、読み書き困難……など関連する専門用語は数多く存在します。

　それらの用語がどのような状態を指しているのか？　どのような学習上の課題につながり、何が背景で起こるのか？　同じことばを使っていてもその中身は人によってかなり大きく異なります。また、時代が変わると1つのことばの指す中身が「全く別物」となることもあります。特に学習障害は30年前と今では全く内容が異なります。ことばだけ同じでも中身が全く別物であれば相互理解に基づく支援の枠組みの構築はおぼつかないといえるでしょう。

　本書は、読み書きスキルの発達とそのつまずき、そしてその背景についての理解を深め、子どもたちへの学習支援の効果を少しでも引き出す手助けになることを目指しています。最新の情報に基づいて、できる限り現状で間違いが少ないように、また学習にまつわる教育・医学・心理学といったさまざまな領域のバランスに配慮した形となるように意識しています。

　まず、第1章では学習の困難さに関連するさまざまな用語を整理します。

第 1 章 学習の困り感を再考する

(1)「学習障害」と「限局性学習症」

　学習障害と限局性学習症について説明します。よく誤解されるのですが、学習障害（learning disability: LD）という用語は教育上の専門用語で、医学診断名ではありません。文部科学省が 1999 年に定めた学習障害の教育上の定義は「一般的に学習障害は基本的には全般的な知的発達には遅れがないが、聞く、話す、読む、書く、計算する、または推論する能力のうち、特定のものの習得と使用に著しい困難を示すもの」となっています。また、この定義の中で学習困難の原因が「中枢神経系の機能障害」を推定していて、「視覚障害や聴覚障害、知的障害、情緒障害などの障害や環境的な要因が直接の原因となるものではない」としています。つまり環境要因や知的発達の段階から説明できない学習面の困難さがあり、その困難さが読み書きスキルのような学習を円滑に維持するために必要な基礎的な学習スキルの問題によって生じたものを「学習障害」としています。教育界上の学習障害は、学習に必要な読むこと、書くこと、聞くことなどのスキルが選択的に（あるいは複数のスキルが合併して）障害（スキルが抑制）され、それが原因で生じた学習上の困難さ（あるいはその状態）を「学習障害」と呼んでいるわけです。教育界の定義では読み書き計算だけでなく、幅広い学習スキルを念頭に置いています（後述）。さまざまな要因の結果として生じた学習面の問題をもつ児童生徒が広く含まれるものとなっています。

　一方で医学診断名である限局性学習症（Specific Learning Disorder: SLD）の定義では「学習や学業的技能の使用に困難があり、その困難を対象とした介入が提供されているにもかかわらず、以下の症状の少なくとも 1 つが存在し、少なくとも 6 か月間持続していること」となっています（アメリカ精神医学会による精神疾患の診断統計マニュアル 第 5 版 [Diagnostic and Statistical Manual for Mental Disorders Fifth edition: DSM-5]）。この中で定められている学業的技能とは読み、書き、算数に関連するものの 3 つに限定されています。「限局性学習症」では、対象とする学習スキルが読み書き計算に限定されている一方、「学習障害」は読み書き計算スキル以外にも、聞く、話す、推論するを含みます。なお、この場合の「聞く、話す」は、いわゆる難聴や構音障害ではなく、聞いて理解するスキルや組み立てて話すといった部分を指しています（医学の定義では聞く、話すは別の診断名が該当します）。

　この説明を聞いた方は「では教育でいうところの『学習障害』は幅広く対象を含んでいて、限局性学習症の診断がつく児童生徒はその中に全て含まれる（SLD の子どもは

7

LD の中に全て含まれる）のですか？」と考えるかもしれません。ただ、SLD の診断可能なケースが「抜け落ちて見過ごされてしまう」ことに留意（つまり限局性学習症の特性をもちながら学校現場で「学習障害」と認識されない）が必要です。

　まず、子どもの学習面の困難さを大人（先生や保護者）がどの段階で気付くかを考えてみてください。「ディスレクシアの人は全く読めない」は大きな誤解です。典型発達の子どもに比べて読むことに非常に努力が必要な状態です（第 2 章参照）。つまり全く読めないわけではないので、自分で何とか工夫して読もうと頑張ります。それでも学年が上がるごとに読まないといけないものも増え、だんだん周囲の子どもと比べて読みの困り感が目立ってきます。目立つ段階で初めて周囲の大人が気付くわけです。そのため他の発達障害と比較して学習障害は気付かれるのが遅くなります。自分で何とか困難な学習場面を工夫しよう（自己代償）とする傾向にあればあるほど、この見出される時期が遅れます。

　まだまだ小学校に入学したての段階で、子ども自身が周囲と自分を比較して自分のスキルを客観的に評価するといったことは当然できません。そのため「頑張ればできるかも（周囲もそう言うので）」と、頑張れるギリギリまで本人も何とかしようと努力します。この頑張っていて何とかギリギリ結果としてスキルを保てているように見える子どもは（ディスレクシアの特性があっても）恐らく先生や保護者の目に留まらないため、「この子、大丈夫かな？」から抜け落ちてしまうわけです。この子どもたちは一見できていても典型的な子どもたちと比べて、読みに数倍の力を費やして自分の力を総動員して、ギリギリクリアしているような状況にあります。「（少し簡単な課題をやらせて）できているからいい」や「努力すればいい」という視点に大人が立ってしまうと、このような子どもたちを全員見逃してしまうことになります。

　努力を否定するつもりはありませんが、科学的根拠のない根性論は子どもたちの自己評価を下げます。また、努力を奨励するなら「一人ひとりの特性に応じた学び方の多様性」を保障するのが原則です。「皆同じように先生が教えた教え方で学ぶことが正しい」と足かせがついた状態での「努力」は、学習障害の子どもにとって学習意欲や先生との信頼関係にも影響しかねません。

　換言すれば限局性学習症では「（学習の）スキルの障害」に特化しており、教育界での「学習障害」は実際の学習場面での困難感に中核が置かれているともいえます。

　学習障害と限局性学習症の違いを話す際には、「学習障害については学習と障害の間に『の』を入れて考えるとよくわかります」と伝えています。つまり「学習の障害」＝

結果として学習の問題が表面化したものとすると、その原因は多岐にわたります。例えば、見た目や振る舞いが落ち着いていて気付かれにくいタイプのボーダーラインだけとって、学習を始めさまざまな知的な活動の土台となる注意や実行機能に問題を抱えた注意欠如・多動症（Attention-Dificit/Hyperactivity Disorder: ADHD）特性をもつ児童の学習面への影響も考えられます。また学習場面では、常に友達や先生とのやりとりが多く含まれるので、社会的コミュニケーションに問題を抱える自閉スペクトラム症（Autism Spectrum Disorder: ASD）特性が学習に影響した場合なども含んでいることになります。ASD 特性については特定の刺激に対するこだわり行動（イマジネーションの障害）も学習環境によってはコミュニケーション面だけでなくさまざまな影響を及ぼす可能性が考えられます。

　なお、限局性学習症の診断には「明確な学習上の遅れ」は含まれていません。前述のとおり読み書きスキル（＋計算）[1] といった学習の手段に特化した弱さがあり、そのスキルの獲得に特に重要となる「認知機能の弱さ」を想定しています。そのスキルの弱さが客観的に確認できれば診断可能です。本書で取り上げるディスレクシアはこの限局性学習症の 1 つとされています[2]。

　これらの特性は知能の発達と関係なく存在しますし、潜在的知能が高ければより自己代償しようとして発見が遅れて、子ども自身が不全感を囲い込んでしまうこと（合併する障害の温床）になりかねません。進学校と認知される高校、有名大学にも多くの当事者の生徒や学生が存在します。一人ひとりの特性に伴う「困り感」はその人独自のものであり、正規分布に単純に置き換えられるものではありません。

　時折、学校教育での支援を考える際や合理的配慮の提供に際しても診断を前提とする風潮がありますが、医学的に限局性学習症の診断がある児童生徒はあくまで、学習面の困難さを示す児童生徒の氷山の一角であり、学習障害のごく一部にすぎません。診断できる医療機関も少ないことは皆様ご存知だと思います。よって「限局性学習症でなければ（その診断がなければ）学習面の支援は不要である（できない）」ではありません。学習全体の中で、ディスレクシアは読解のプロセスの一部の困難さに位置します。

　学習面のつまずきに関して医学の定義、教育学の定義が 2 つ並列して存在するので

＊1　厳密には読み困難に伴う読解と算数的推論が含まれます。
＊2　「(2) ディスレクシア（発達性読み障害）」参照。

はなく、医療と教育それぞれの役割に応じて、2つの側面から学習面の困難さとその要因を捉えたものであると理解するのが適切だと思います。限局性学習症と学習障害の定義で環境要因や感覚器の障害、また知的発達の遅れによる学習上の問題を含まないという点は共通しています。注意が必要な点は学習上の問題が「知的発達の遅れで説明されるものを含まない」という点です。言い換えれば知的発達の問題では説明がつかない学習上の遅れがある場合、学習障害として背景要因を掘り下げていく必要がある、ということになります。昨今、知的障害があるとわかった時点で、その一人ひとりの強みや弱みを検討する努力が失われていく傾向にあることは残念なことだと思います。

　では実際に、小学校の通常の学級の中で学習面につまずきを抱える子どもたちはどれくらいの割合で存在しているのでしょうか。2002年と2012年に文部科学省が「通常学級における支援を必要とする児童生徒に関する調査」（文部科学省，2003；2012）を行っています。この調査は特別支援学校や特別支援学級を除いたいわゆる一般の小学校、中学校の通常学級を対象として、担任教諭が判断する支援を必要とする児童についての調査です。

　この調査の中では「対人関係やこだわり」「学習面」「不注意多動衝動性傾向」の3領域について調査をしています。3領域合計で2002年の調査でおよそ6.3％、2012年の調査ではおよそ6.5％支援を必要とする児童生徒が、通常の学級に存在していることが明らかになりました[*3]。この調査は特殊教育から今の特別支援教育に移行するきっかけとなったものでもあります。2012年の調査で、学習面につまずきを抱える子どもはおよそ4.5％と報告されています。「学習障害（教育上の）の出現率はどれくらい？」と聞かれると、この4.5％という回答になります（2022年夏執筆時）。しかし、詳細は第2章で解説しますが、読み書きの検査で一過性にその集団より一定以上低下を示す子どもたちはもっと多く、およそ7％程度という報告もあります（Uno et al, 2009）。学習面に影響を及ぼすさまざまな要因を加味すると、学習面につまずきを抱える児童生徒は10％程度存在すると考えても過言ではありません。

　これらの数字からもわかるように学習面の困難さ対策を取ることは「特別な教育」でも「個人の（努力の）責任」でもなく、一般の教科教育の中で配慮される事項であるべきです。文部科学省は、小学校6年生の児童を対象として学習状況調査を毎年行っています。国立教育政策研究所を中心として追加分析が行われていますが、その中でもさ

＊3　本稿執筆中の2022年には8.8％と報告されました。

まざまな懸念を抱える児童に対して適切な対処が取れている学校は、全体としても学力が高い傾向にあることも報告されています（文部科学省，2015a; 2015b）。学習面の苦手さを本人の努力や意欲の問題に帰結することなく、学校全体の学習環境の課題として、さまざまな学習面の苦手さをもつ子どもたち一人ひとりが、全くその苦手さを気にすることなく学習に専念できる環境を創造することができている学校は、全ての児童生徒にとって素晴らしい学校です。特定の苦手さをもつ子どものための特別な配慮ではなく、その集団を構成する 1 人として当然の配慮を提供する学校は、障害のある子どもだけではなく全ての児童生徒の潜在能力を効果的かつ効率的に開花させる素晴らしい社会的資源といえます。

　昨今、これらの一次資料の飛躍した転用が目立ちます。こちらの調査が発達障害の有病率と置き換わって報道されることがありますが、全く適切ではありません。特別支援ニーズをもつ子どもたちに関する調査であり、一番大切な必要な児童に必要な教育的支援が行き届いていないことに誰も注目していません（問題はここです）。

　時折「特別支援教育のことは特別な（専門の）先生にお任せしよう」といった風潮がありますが、これは間違いです。特別支援教育は全ての学校の全てのクラスで提供されるものであり（文部科学省，2007）、インクルーシブ教育とは全く逆行する考えであり、そもそもインクルーシブ教育で問われているのは通常学校・通常学級とされているところでの教育の在り方です。学校全体の利益を、大きく損ねる結果になっているといっても過言ではありません。なぜならば、特別支援教育におけるさまざまな支援の手法やアイデアには多くの子どもにとっても有効な手がかりが隠れているからです。校内連携で学校内の特別支援以外の先生の理解を得る上で苦労されている特別支援教育コーディネーターの先生には、「障害があるから支援が必要である」という観点ではなくて「校内全体の学習環境を少しでも良い方向に変えていこう！　そしてその中で特別支援教育のエッセンスは活用できるよ！」という観点で相互対話を進めることを勧めています。専門療育機関で本来提供するような専門的支援を通常学級で行うようにしよう、というわけではありません。

　学習面の苦手さに対する学校の取り組みは、その学校全体の特別支援教育に関する考え方を表しているといっても過言ではありません。学習面の苦手さへの対処は、インクルーシブ教育の実践の第一歩になります。

(2) ディスレクシア（発達性読み障害）

　トム・クルーズやジャック・オーナー博士（古生物学者）、スウェーデンのヴィクトリア女王をはじめとして世界各国の著名人有名人がカミングアウトしたことによってディスレクシアの知名度は、大きく向上しました。これらの方々に共通する特徴が読みの過剰な困難さであり、ディスレクシアはこの状態を指します。

　実はディスレクシアという診断名は存在していませんでした。DSM-5 へ 2012 年に移行した際に、さまざまな学習上の課題が限局性学習症（SLD）に集約されました。その中で初めてディスレクシアという用語が記載されました。診断名ではなく「ノート（特記事項）」としての記載です。限局性学習症の中で読みに特化した問題があった場合、一歩踏み込んでディスレクシアと言ってよいと記載されたわけです。この中で取り上げられた読みの問題（症状）というのが、「読みの正確さと読みの速度の遅さ」と「読みに伴う読解の困難さ」、さらに綴り字の困難さも関係してきます。我々はたどたどしく本を読んでいる子どもを見ると、「この子は内容が理解できていないのでは？」と安易に考えがちです。しかし、これは早計にすぎます。また、ディスレクシアを辞書で調べると「難読症」という訳語が出てきますので、読みだけに注目されやすいですが、これも注意が必要です。読みと書きは表裏一体なので、読みの苦手さがあれば当然書きにも影響が及ぶと考えておく必要があります。あくまでディスレクシアは、読解の最初のプロセスである文字を音に変換する段階の難しさや効率の悪さを抱えているため、結果として読解に至らない（読解の段階で余力が既に尽きている状態）ものです。決して聞いて理解することができないわけではありません。聞いたら理解ができるものでも、書いてあるものを読むのに時間と労力がかかってしまい、結果として内容の理解が損なわれるという問題になります。

　結果として「読解できていない」場合、文字を音に効率よく変換することが苦手なために内容が理解できない場合もあれば、逆に書いてあることばの意味がうまくつかめないために内容が理解できない場合もあれば、また文章全体の趣旨を把握するのが苦手な場合もあると背景は多岐にわたります。言い換えればディスレクシアは読みや読解の障害のあくまで 1 つの要因と考えることもできます。うまく読めていないからといって「この子はわかっていない」と判断すると、その児童生徒の学習困難の実態理解を間違え、対処も誤る可能性が出ます。ディスレクシアの症状だけであれば、読みのプロセスだけを補えば読解成績はある程度担保できることになりますが、読解困難の要因がディ

スレクシアだけとは限りませんし、合併することもありますので、「読みさえ補完すれば読解できるはず」と判断するのは危険なことです。特に年齢が上がれば上がるほど、要因は複雑に絡み合います。

「文字の綴り」について「読み書きでなくて綴り？」と思われる方も多いと思います。読み綴りとしているのは読みと書きの共通する要因である文字と音を効率的に変換するプロセス（文字音韻変換規則）を障害の背景として考えているためです。文字と音との変換のルールとは、例えば「し」と「や」という 1 文字であればそれぞれ音読すると /shi/ と /ya/ になります。しかし「しゃ」と表記した場合 /sha/ となります。このような文字と音の変換の約束のことを指します。人は多くの文字を見ながら、瞬時にこのルールに従って音に変換をし、内容を理解しているわけです。使用する言語によっても、このルールの複雑さは違いがありそうです（第 3 章参照）。

このルールは表裏一体であるため、当然読みだけではなく、このルールに基づいて音から文字へと変換していくプロセスも影響を受けるわけです。専門的な用語を用いると文字を音に変換するプロセスのことをデコーディング、逆に音から文字へと変換するプロセスのことをエンコーディングといいます（ただ、この用語は元々コンピューター関連用語からの流用です）。つまりディスレクシアとして読みの問題を抱えた場合、綴り、つまり効率よくルールに合わせて文字を展開できない＝書き（ここでは「上手に綴れない」）の問題を合わせもつ可能性が高いともいえます。我が国ではディスレクシアを「発達性読み書き障害」と訳すグループがあるのもこのためです。発達期において読みの障害を認めた場合、書きにも影響が出ることも明らかになっています。

一方で、読みはディスレクシアの主たる症状として捉えて、書きは高頻度に発生する合併症であるとするグループもあります。どちらも指しているところは同じですが、本書ではあえて訳語は用いずにディスレクシアということばを使いたいと思います。意外に医学や心理学の領域では、研究者の考え方の違いが現場とは無縁のところで、用語の使用に影響していることが多々あります。もともとディスレクシアということば自体は発達障害を想定したものではなく、脳梗塞などの後天性の脳損傷による失読症、いわゆる音韻性失読や深層失読、表層性失読といったものを前提として作られたことばです。後天的な脳損傷では読み単独の障害もあり、優位半球側の後頭葉内側面や脳梁膨大部を損傷した場合に「純粋失読（alexia without agrafia）」という状態を示すことが報告されています。ディスレクシアはあくまで文字と音を変換するプロセスの問題であり、学習の限られた一部の問題です。

言語機能はその基盤となる脳内のネットワークが出来上がった成人期（その後に起きる疾病や事故に伴う障害）と発達期では当然、障害の成り立ちや影響の程度が異なることは皆さんも想像に難くないと思います。後天性の障害ではいわゆる「損傷」による機能低下であり、発達障害などの先天性の場合では、ネットワーク形成の特異性や、その発達の順序発達過程の特異性によって生じた機能獲得の抑制と考えることができます。用語に左右されず子どもの実態を捉えていくようにしましょう。

（3）ディスグラフィア（発達性書き障害）

　次に書き障害、あるいは書き困難とディスグラフィアについて説明をします。ディスレクシアと同様にディスグラフィアもそのまま訳すと、「書き障害」ということになります。書きの困難さを示す要因は多岐にわたります。

　ここで整理するために「書き困難」を広く書きに関する困り感を示す用語、「書き障害」を教育界における学習障害の状態像、「ディスグラフィア」をSLDで示すところの書字の困難さを満たした診断可能なものと考えると整理がしやすくなります。「書き困難」だけでなく「書き障害」に限定しても原因は読み障害よりもさらに広く、さまざまな要因に注意を向ける必要があります。

　「書き障害」の原因を整理してみると①ディスレクシアに伴う綴りの遅さや綴り間違い、②「書くこと」に関わる動作の実行の問題、③文字の形を認知したり、効率よく思い出すことに弱さや障害を抱える、④文字から遠ざかることによる二次的影響、といった形に便宜的に分けることができます。④は経験的要因ですので①②③と相加的相乗的に影響を及ぼす（書き困難の要因の1つ）と考えることができます。①の問題は読みの問題と共通するもの（「（2）ディスレクシア（発達性読み障害）」参照）で、②に該当するのが鉛筆を握って文字を書く運動に伴う「目と手の協応」や全体として行動をコントロールする実行機能の弱さや苦手さといったものが該当します。決してこの原因をもつ場合も少なくありません。いわば③がいわゆる「ディスグラフィア」に相当するものとして考えられています。詳細と医学的かつ心理学的な背景については第2章で詳しく説明します。

　ここで申し上げておきたいことは、書き困難については、ディスレクシアに関連する要因だけにとらわれると多くの書き困難事例を見逃す可能性があるということと、発達性協調運動症（Developmental Coordination Disorder: DCD）やADHDといった他の発達障害の影響として、書きの苦手さといったものが現れてくることもあります。

特に、ADHDにおいては学習障害全体との合併率が40〜60％と非常に高く、留意しておく必要があります。ADHD特性の1つである注意の働きの弱さによる二次的な学習への影響なのか、あるいはディスグラフィアの特性が併存するのか、一人ひとり丁寧に確認をしておきたいところです。支援介入のための評価で「原因はハッキリさせなくていい」と時に乱暴なことをおっしゃる方もいますが、原因に応じて効率的効果的な対処方法が異なります。

　海外、特に英語圏において、このディスグラフィア（この場合正しく文字を構成すること）があまり注目されなかった背景には、先ほど述べたディスレクシアの中に綴りの問題というのがあって、そちらが目立ちやすいことも影響していると思います。第2章で述べますが、使用する言語によってディスレクシアだけでなくディスグラフィアも出現頻度は異なります。英語に比べて使用する文字の数が圧倒的に多い日本語においては、この書き困難の問題について英語以上に丁寧に見て評価していく必要があります。特に小学校において一番教育上の課題とされるのがこの書きの問題です。日本の学校教育での指導法の根幹には伝統的に「繰り返し書くこと」「書いて覚えること」が根付いています。そのため、書きの苦手さというのは表面化しやすい傾向にあります。よく高い有症率が取り上げられますが、言い換えれば「それだけ生活で必要としているから書きの問題が目につきやすい」ともいえます。学習障害の支援において、学習全般で書きに関する負担をいかに減らしていくか、言い換えれば書かなくても楽しく学習ができる状況をいかに作ることができるかというのは、大きな命題となっています。

　ノートに鉛筆で黒板を書き写す学校の景色も、COVID-19によって、この社会情勢が一気に学校教育現場のICT進展を推し進め、1人1台ずつデジタル端末が行き渡る時代になって大きく変わろうとしています。これからは書き困難以上にタイピングの問題が取って変わるかもしれません。つまり障害やその程度は社会の状況によって、大きく変化するということになります。

 ## 「読み書きの苦手さ」に付きまとう誤解を整理する

　読み書き障害を中心にして広く発達障害も含めて、巷にあふれた誤解をここでいくつか整理しておきたいと思います。SNSなどを通じてさまざまな情報に簡単にアクセスできるようになった今、あふれる情報は有益なものもあれば、デマと言わざるを得ないものまで玉石混交の状態を呈しています。この後、読み書き障害の話を展開していくに

あたって、いくつかよくある話題を取り上げていきたいと思います。

（1）発達障害は昔と比べて増えたのか？

　結論からいうと、診断を必要とする人の割合は当然増えました。特にこの50年でASDの有病率の割合（ここでは診断を受けた人・診断可能な人の割合）は加速度的に上昇しています（Weintraub, 2011）。さらにアメリカ疾病対策予防センター（Centers for Disease Control and Prevention: CDC）の報告では疫学的に有病率はおよそ1～2％となっています。一昨年のある研究では3％程度といったものまで存在します。また、限局性学習症に至っては現在の概念に代わってから実質20年経っていませんので、この20年で激増ということになります。ではこの「増加」した背景は何でしょう？　筆者も講義の中でこの手の発問をするのですが、学生たちからはまず「定義自体が変わったから」、次に「発達障害に関する情報や知識を一般の人たちも簡単に知ることができるようになったから」と返ってきます。もちろんこれらは大きな要因になります。ただ、さらに大きな点を見逃してはいけません。時代に応じて求められるスキルによって障害の様相は変わりますが（特に読み書き障害を考えれば、文字を持たない時代にこの障害は存在しません）、昔から必要とされた社会的コミュニケーションの問題や衝動性の問題は昔から存在したはずです。ただ、それを障害とするかどうかについてはその人の生活をしている社会が求めるものによって変わります。発達障害が表向き増えた背景のもう1つ大きな要因として一人ひとりの受け皿である「社会の寛容さ」の低下を挙げておきたいと思います。

　話は変わりますが、現在であれば限局性学習症と診断されてしかるべき児童生徒も、20年以上前であれば「本人の努力が足りない」「学習不振だ」と言われ続けてきた暗黒の時代があったことを我々は忘れてはいけません。

（2）ノートをとるのが遅い児童はちゃんと黒板を見ていないのか （ちゃんと黒板を見てないから書けないのか）？

　結論からいうと、全くあてはまりません。むしろノートを書くのが苦手な子どもほど結果的に書くことが上手な子どもに比べて、その何倍も黒板を見ています。

　図1-1を見てください。これは一般の大学生に被験者として協力してもらって目の前のパソコンのモニターに見えた図形を手元のノートに写してもらった時にモニターのどこをどれくらい見ていたのか、眼球運動の軌跡を示したものです。図1-1の左は実

第1章 学習の困り感を再考する

際に存在する幾何図形であり、**図1-1**の右は実際には存在しない図形＝錯視図になっています。圧倒的に錯視図を写す時のほうが、2人の被験者共に注視点が多いことが一目瞭然でわかると思います。人は黒板をノートに取る（意味のあるものをノートに書き留める）時には、実はあまり細かく対象を見ているわけではありません。よく知覚や意識の心理学において「見えているものは実際にはその人の記憶によって歪められている」と表現されますが、まさにそのとおりで、細かく対象を捉えていろいろ書こうとすると極めて効率が悪くなります。よって対象を確認した後は、自分自身の記憶をたどってノート上にその記載を再現することで書くことの効率を一気に上げています。専門用語でいうところの遠見視写の状態でよりその傾向は強くなります。特に書くことに問題がなくても、初めて見たものを書く時には知っているものを書くよりも多くの時間がかかるのもこのためです。

　見たものを効率よく思い出す（記憶から取り出す）ことの苦手さをもつ人や頭の中に参照するべき文字の記憶が少ない状況であれば、この効率を上げる作業が使えないわけです。では、どうやって書こうとするかといえば、結果として効率が悪くてもいちいち黒板を見て書かざるを得ないわけです。そこまでして頑張って書いているところで、「しっかり見て書きなさい」と声がかかるなら、それはやる気をなくしますし、自己効力感を下げることに直結します。

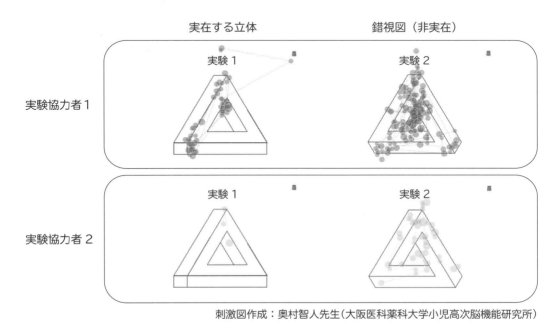

刺激図作成：奥村智人先生（大阪医科薬科大学小児高次脳機能研究所）

図1-1　眼球運動の軌跡

17

（3）学校の一斉指導の功罪──繰り返し書くことは良いことなのか

　日本の小学校教育は、ノートのチェックであったり、漢字の書き取りの宿題であったりと書くことをとても重要視します。以前、筆者らも学力を従属変数として、どういった要因が影響を及ぼすのか400人の児童の規模ですが、検討を行ったことがあります。結果、小学校高学年になればなるほど圧倒的に書く力の影響が強くなっていました。ただ、この考察を考えた時に、共同研究者の奥村智人先生（大阪医科薬科大学小児高次脳機能研究所）とふと手を止めてしまいました。結果を素直に読み取ると「書く力が学力に強く影響を及ぼしている」となりますが、「繰り返し書く」といった学習方略が学力に強く影響した結果ともとれます。そもそも、小学校では書いて覚える以外の学習方法が示されているとは言い難い状況です。これらの状況を踏まえて考察し直すと書く力が学力に影響を及ぼすというよりは、「書く能力に問題がある（あるいは課題がある）児童は今の日本の公教育において学習到達度を大きく落としてしまうリスクを抱える」と言った方が正確ではないかと考えました。

　特に学習でつまずきのある子どもたちにとって学習環境を楽しく実りのあるものにするための第一歩は、学習方略の多様化を認めることにほかなりません。子どもの立場に立てる支援者や教員は障害の有無にかかわらず、子どもの特性に応じた学習方略の提案をすることができます。これは読み書き障害にとどまらず、学習障害全般さらに障害の有無にかかわらず、全ての子どもたちにとってメリットのあることです。まず一般的なやり方についていけないあるいは難しい場合、その責任を暗にその子どもや保護者にあるとする風潮をどうにかしたいです。「みんなと違うやり方はずるい！」という発想を捨てましょう。

　一般的に効果があるとされる学習方略は、少々乱暴に申し上げますと「70％の子どもにとって有効・効果的な方法」といえます。「繰り返し書く」「繰り返し読む」「逸脱しない」学び方は児童の数がものすごく多かった時代、一斉授業でいかに学習効率を高めていくかが必要とされていた時代に合致したものでした。少し引っかかるのは、この効果的な方法の"効果的"は「誰に対してなのか？」という点です。そして残った30％の子どもについてですが、この30％の半数、15％の子どもは一般的な方法以外でもそれと同程度の（あるいはそれ以上の）学習効果が期待できる子どもたちといえます。言うまでもなく最後の15％の子どもたちにこの一斉指導のしわ寄せがきているわけです。この15％の子どもたちは一般的な方法であると著しく効果が薄い（ある

第1章　学習の困り感を再考する

いは成果が少ない）子どもたちであり、言い換えればマジョリティーとされる一般的な方法に合わない子どもたちといえます。要領のいい工夫上手な子どもたち（神経心理学風にいえば、実行機能の優れた子どもたち）は中には先生の言うことを「ハイハイ」と聞きながら、自分に合った方法を工夫して実践する子もいるでしょう。ただ、多くの子どもは素直で真面目であるがため、学校の先生の言うことは絶対と考えて、できない自分を責めます。あるいは勉強自体が嫌になってしまうこともあるでしょう。

　こういう不幸な事例を少しでも減らすために今すぐできることといえば、学習方法に全ての子どもに当てはまる絶対はないということを理解し、一人ひとりが学習方法を自ら選択できる状況を創造することです。書いて学習する子どももいれば、繰り返し読んで聞いて学習する子どももいます。子どもたちは自分自身に合った方法をその経験の中から学習するのです。そのような学習環境が最適でしょう。そして、この15％という数字をよく覚えてください。確かに書くという方法は、手っ取り早く記憶の痕跡を深める上で有効な手段であるといえます。そのため、単なる「繰り返し書かせることは良くない」ではなく、書きに代わる手段を提案できないといけません。

（4）良い姿勢を取らないと本は読めないのか（姿勢が悪いから本が読めないのか）？

　「良い姿勢で足を床にしっかりとつけて、背筋をピンと伸ばして、本を前にしっかりと持って読む」といった指導を受けた経験は誰もがあるのではないでしょうか？　筆者もあります。また鉛筆の持ち方や書く時の姿勢といった指導もよくあります。誤解を受けないように先に断っておくと、良い姿勢をとることが悪いと申し上げているわけではありませんが、時に逆効果となることが多いのも事実です。

　ここで1つ考えてほしいことは、注意のリソース（資源）は有限であるということです。運動すると体が疲れるのと同じように実は頭も疲れます。何か物事を考えようとすると、自分の頭の中や外の刺激に対して注意を向ける必要があります。そうやって注意を向けるたびに、資源は消費します。ではこの資源が少ない子どもの場合、どういう状況が生じるでしょうか？　自分のもてる資源の全てを目の前の本に注ぎ込んでいる段階で、先生から「ほら、姿勢が崩れているよ」「きっちり本を持って」と声がかかると、当然、そこにも注意を振り分けざるを得ない状況ができます。そこに振り分けられる注意の資源はもともと本に注ぎこんでいた資源を振り分けざるを得ません。つまり、あれやこれやと指示することによって、姿勢や形だけきれいに整った本に全く集中できてい

19

ない状況＝「形だけきれいに本を読んでいる（単なる）姿」が出来上がることになります。姿勢のことをいちいち言うのは時に非効率的であり、本来の目的を損ねてしまう場合があるということを、頭の隅に留めておく必要があります。どうしても何か言いたい場合には１つずつ指示を付け足していくことを心がけておきましょう。

　一糸乱れず頭が揃った小学校のクラスを見て美しいと思うのは、もしかするとその担任の先生だけかもしれません。筆者は逆になんだかぞっとします。本を読む時の「良い姿勢」はその子にとって一番理解が進む姿勢にほかなりません。

第2章

「読み困難」と
ディスレクシアの基礎知識

1 共通する特徴——正確性・流暢性・易疲労性

（1）目につきにくい苦手さは本人の努力のせいにされがち

先生1「先生、この子読み書き苦手かもしれないよ」

先生2「え、大丈夫じゃないですか」

先生1「いや、逆に何をもって大丈夫だとご判断されましたか？」

先生2「本を読む時に読み間違いは少ないですし、書き間違いもあまりないし……」

先生1「うん、確かに正確に読めたり、正確に書けたりすることはある程度できているようですけど、速さ（滑らかさ）はどうですか？」

先生2「えっ、でもそれって本人の努力や経験の問題では？」

　このように目につきにくい読みの苦手さは特に明らかな間違いでもない限り、幼いころは個人差で片付けられ、本人の興味関心のせいになり、成長すると本人の努力のせいとなりやすい傾向にあります。

　10年ぐらい前まで、小学校の現場においてこのようなやりとりがよくなされていました。そこで、まず読み書きのスキルとその困難さを把握する観点・視点について話しておきたいと思います。1つ目の観点はこのやりとりの中にも出てくる「どれくらい正確に読めるか」「どれくらい正確に書けるか」といった側面で、「正確性」といいます。正確性とは文字から音、音から文字に正しく変換できるかに関する指標（水野他, 2012）で、正確性は読み書きの苦手さに気付く、あるいは気付かれる一番大きなポイントとなってきました。

　この正確性以上に読解する上でも最も大切な観点が「流暢性」です。流暢性とは文字と音との変換の効率性を指した指標であり、わかりやすく言えば滑らかに文字と音を変換する、読み書きの「速さ」の指標です。最初の「よくある先生とのやりとり」の中で先生が見過ごしてしまったポイントがここです。滑らかに読むことができなければ、理解する力があっても読解力は落ちる、というよりは文章を読み解く最初の段階で力を消費してしまうため、本来の理解力が発揮できないといった言い方が近いかと思います。

　もちろん、正確に読めないと当然、速さも落ちてしまいます。つまり、正確性が低下すると必然的に流暢性も影響を受けます。ただ、正確に読めているからといって流暢に

第 2 章　「読み困難」とディスレクシアの基礎知識

読めるとは限りません。正確に読めてもそれだけでは、学習を支える上での読み書きのスキルとして十分であるとはいえないということになります。意外とこの読みの速さ＝「流暢性」については教育現場では見過ごされがちにあるのが現状です。

　例えば100文字程度の短い文があったとします。20秒で読める子どもと、2分かかる子どもでは「間違いなく読めているから両方同じ」とはなりません。本人のやる気や経験だけでこのような差は生まれません。文字を読む本来の目的がコンテンツに記された内容を理解することである以上、ある程度の「流暢さ」が必要になるのです。

　限局性学習症のアセスメントでは正確性と流暢性は検査項目に含まれています。ただ学習を支える上で大切なポイントがさらにもう1つあります。これが「易疲労性」です。ディスレクシアやディスグラフィアは読み書きが「できない」のではなくて、読み書きに「ものすごく努力を要する状態」という例えが適切です。また、ある程度年齢が高くなっていくと、苦手であっても苦手なりの伸びはありますし、何より苦手な学習を強いられるストレス状況を何とか改善しようとさまざまな代償手段を使って補おうとします。つまりもっている力を一気に放出して正確性も流暢性も一定時間頑張って維持しようとするため、もてる力を総動員して検査の数分間だけ頑張れてしまう児童も出てくるわけです。当然そのようないわば無理して負荷をかけた高出力の状態＝「チート」状態は長くは続きませんので、その後一気に疲れるわけです。代償能力が高い児童で学年が上がるに従って、この傾向は顕著に出現します。つまり読み書きの易疲労性とは「正確性や流暢性のパフォーマンスをどの程度一定水準で維持できるのか？」を表した指標となります。いわば「疲れやすさ」といってもいいでしょう。表面上学習がうまくいっているように見えていて、短い時間で行う正確性や流暢性の検査では問題が見えないからといって何も問題がないとはなりません。もちろん既存の検査には限界があります（そもそも限局性学習症に限らず発達障害を100％正しく検出する検査は存在しません）し、そもそも教育実践の場において医学的な診断が優先されることはあります。つまり診断が難しいことがそのまま「支援を必要としない」とはならないわけです。

　ポイントになるのは、「第4章　事例──中間休みに遊びたい！」で触れますが、筋肉と同じで脳内の処理を繰り返すと脳も疲れるということです。認知処理の資源の総量は一人ひとり個人差があり、頑張って代償すると必要以上にその資源を消費することになります。結果としてデコーディングの後に振り分ける認知資源の量が減るわけです。わかりやすくいうと文字を音に変えることでヘロヘロになってしまってその後の理解のプロセスでの余力が少なく、結果として全体のパフォーマンスが落ちるわけです。

現在、正確性や流暢性に関する読み書きの検査はありますが、易疲労性を調べる課題はありません（診断基準には関連項目の記載はありますが、厳密に定められているわけではありません）。この易疲労性という観点は、まだまだ研究も進んでおらず、専門家や研究者によっても取り扱いはさまざまです。実際、筆者らが大学生を対象とした調査では、読みの苦手さがない群に比べて苦手さの自覚がある群では、同じ読みの課題を行っている際の不安傾向を反映する生理指標に明らかな差異を認め、読み課題実施中の両側背外側前頭前野の活動にも明らかな違いを認めていました。実験の詳細までここでは触れませんが、苦手意識の高い群では、読み課題に先行して不安傾向を反映する生理指標は大きく上昇し、読み課題実施中の負荷も高い傾向にありました。つまり苦手意識が高くて代償を繰り返してきた大人は、課題に向き合った時点でその後に出てくるプロセスを意識して不安（ストレス）を高めるわけです。こういった精神的な疲労を解消するためにも認知資源は消費されてしまいます。効果が検証できない（良いか悪いかわからない）努力を強いた結果ともいえるでしょう。

　特に本邦で存在する読み書きに関する検査は、長時間の負荷を想定して作られたわけではないので、易疲労性は反映されず、正確性や流暢性についても年齢が高くなればなるほど結果にさまざまな要因が入り込む傾向にあります。行動だけを見て判断することも危険ですが単独の検査だけで全てを判断するのも危険です。

（2）正確性・流暢性・易疲労性の目立つ時期

　支援において大切なことは、ライフステージによってこの正確性、流暢性、易疲労性といった読み書き困難の特徴の目立ち方が変わることに留意する点です。つまり「発達の時間軸」に応じた実態把握を行う姿勢をもつことです。第3章、第4章でも触れますがここでも全般的・基本的なことを簡単に述べておきたいと思います。

　子どもが文字の意味や役割に気付き、基本的な文字と音との変換のルールを獲得する幼児期から児童期初期にかけては、正確性の問題が目立ちます。正確性に顕著な問題のある子どもは、この時期「気になる子ども」として取り上げられやすいといえます（それ以外に課題を抱える子どもは見過ごされることもあります）。続いて文字との変換規則の学習をより深め浸透させる児童期では、周囲の子どもの読みのスピードが一気に上がるため、正確性と合わせて流暢性の問題が目立つようになります。つまり流暢性の問題に周囲が気付き始めるのは小学校3年生以降が現状です。読み書きを学習の手段として活用するようになる児童期後期から中学生のころでは、流暢性の問題がより明確となり

（ようやく正確性がある程度確立し、流暢性の問題がまだ残った状態）、さらに高次の学習や思考の手段としての活用が増える高校生の段階では流暢性の問題が残る生徒や、何とか流暢性を補完したものの易疲労性が顕著な状態の生徒がようやく目につくようになります。また年齢が上がるに従い学習面のつまずきの中から単純に読み書きのスキルの問題だけを切り分けて取り出すことが難しくなります。自分の考えを表現する手段として文字を運用する機会が増える大学生以降では、診断のための検査はどうにかクリアした学生でも、易疲労性の問題は根強く残っている場合が少なくありません。

　読み書きスキルの問題を考える時には、どうしても特定の認知機能の絡みがあり個人要因、次いで学習環境に注目しがちですが、系統的な支援を行うためには特定のスキルや認知機能や検査結果だけに限定せず、目の前の困り感の背景を包括的にかつ発達の時間軸に沿って状況を理解し、それに基づく支援や教育目標の設定を行うことが大切です。易疲労性は診断には考慮されません。しかし、「易疲労性」を考慮するかしないかは、診断することをゴールとしたアプローチか実際の生活における困り感を少しでも改善することを目的としたアプローチかの違いによるともいえます。

「読み困難」とディスレクシアの基礎知識

(1) 出現率──使用する言語で違いが！

　実際に読み障害の中核であるディスレクシアを中心にいわゆる読み困難の子どもたちはどの程度いるのかを解説します。前述したように、「読み困難」ということばは、読み書きに困難を示している状態という実態像を表すことばとして、「読み障害」ということばを教育現場における学習障害の中核の課題として、さらに（SLDの中の）「ディスレクシア」を医学診断可能な読み困難として使用します。本項では「ディスレクシア」を中心に「読み困難」を読み解いていきたいと思います。

　実はディスレクシアは使用する言語によって出現率（有病率）が違うことが明らかになっています（Katusic et al., 2001）。もはやこれは周知の事実であり、日本語に比べて明らかに英語は多いとされています。

　この違いは使用する言語によって、その言語を構成する音韻の数に違いがあり、文字と音との対応関係（Grapheme-Phoneme Correspondence：G-P-C 規則）の複雑さが違うからです。日本語は平仮名やカタカナは 1 つの文字で基本的に 1 つの拍（例

えば「か」→ /ka/）を表していて不規則な読み方は極めて少ないですが、一方で英語はアルファベット 26 文字を使って表現できる音の組み合わせは 1 万通りを超えます。中学生になって英語を初めて覚えた時に「単語が全てローマ字と同じ規則であれば、これほど簡単なことはなかったのに！」と思った経験がある方はきっと筆者だけではないと思います。

　言語によって文字と音との対応関係の規則性（その複雑さ）に違いがあるため、文字を音に変換する上で必要となる認知処理能力にかかる負荷も言語によって違いが生じるわけです。それぞれの言語を獲得する上で必要な認知処理能力の閾値がそれぞれあると考えておきましょう。「では、日本語は読めても英語は読めない（英語だけのディスレクシア）ってあるの？」と思われた方もいるかもしれませんが、実際に英語と日本語のバイリンガルの方で英語のみディスレクシアを示した症例の報告があります（Wydell & Butterworth, 1999）。その乖離した状況を説明するために「粒と透明度」という考え方が示されています（図 2-1）。

　「粒」とは 1 つの文字が表す音の大きさを示しており、「透明度」とは文字と音を変換するルールが規則的であるかどうか（例外が少なく規則的であればあるほど「透明度が高い」と表現する）を表します。ひらがなは例えば「か」では /k/ と /a/ 2 つの音を含みますが、英語のアルファベットは、1 つの文字に 1 つの音が結びつくので、アルファベットに比べてひらがなの方が粒は大きいとなります。ところが、英語のアルファベットでは 1 つの文字に対して多くの音が結び付きます。つまりアルファベットに比べて

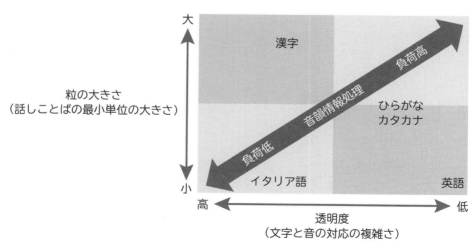

図 2-1　粒と透明度（Wydell & Butterworth, 1999 一部改変）

第 2 章 「読み困難」とディスレクシアの基礎知識

ひらがなの方が透明度は高いということになります。

　特に英語のディスレクシア出現率は他の言語に比べて高く、報告によっては 10 ％を超えるというものもいくつか散見されます（Watson, 2023）。オランダ語はおよそ 5 ％程度といわれています。さらに最もディスレクシアが少ないとされる言語はイタリア語で 1 ～ 2 ％程度とされ、ディスレクシアの出現率が低い言語を使用しています。国家の教育行政が発達障害特性に対して円滑に機能しているかは、残念ながらこの違いには関係がないようです。イタリア語は粒がとても小さく、文字と音を変換するルールが極めて規則的な言語であり、文字と音との対応関係を把握する認知機能への負荷が低いため結果として症状が出にくいわけです。

　ここで再度重要な点を確認しておくと、特定の言語で問題がなかったからといって別の言語で問題が出ないとは限らないということです（「日本語で困らなかったから英語も同じようにできるはず！」とはなりません）。はっきり申し上げると前述したとおり、英語は日本語に比べて文字と音との対応関係が極めて複雑で認知機能の負荷も異なります。英語で極端に苦手さを示す児童は日本国内でも決して少なくありません。昨今、英語教育は低学年からスタートするようになっています。これ自体は筆者も素晴らしいことだと思いますが、必ずディスレクシアに対する配慮もセットで進めていかないといけません。日本語の読みにすでに影響が出ている人は間違いなく英語にも影響を及ぼします。

　日本語におけるディスレクシアの出現率はどのようになっているか、解説してみましょう。結論から申し上げると、「はっきりとした答えは出ていない」ということになります。なぜそのような事態になっているかというと、研究者によって、どこまでを「ディスレクシア」とするかという、いわば前提にブレがあるためです。まずディスレクシアを「発達性読み書き障害」と捉えるグループでは少し前になりますが、2009 年に約 7 ％程度といった報告を行っています（Uno et al., 2009）。一方でディスレクシアを「読みの問題」のみと捉え、RTI モデル（Response To Intervention Model）に基づいた介入を行っている研究グループでは、1 年間の介入後の段階で診断可能なディスレクシアの有病率が 1 ～ 2 ％程度であると報告しています（関, 2015）。かなり大きなズレがあります。このズレの背景にはディスレクシアの定義の違いだけでなく、実際に使用している読み書きの課題や調査の対象、調査時期および調査方法などの違いもあり、そのため指し示す対象にも違いが出ています。それぞれの調査での課題と特徴が指摘されています。

いくつか挙げてみると前者の調査には書き（正確性）の評価が含まれていますが、後者は読み（流暢性）をみています。前者の調査には正確性は含まれていますが、読みの苦手さで大事なポイントである「流暢性」は含まれていませんでした。後者は調査母集団に学習環境の偏りがあるようにも見受けられる反面、前者の調査は操作的に簡易の知能検査で所属する学級に関係なく下位10％の児童を対象から外してしまっています。また、前者は一時点の調査であるのに対して、後者は1年間の経過（縦断）に基づいた結果となっています。なお、誤解がないように申し上げておきますと、決してそれぞれの報告を批判しているわけではありませんし、先程の述べたように十全な調査研究などはそもそも存在していないのが現状です。また、文部科学省 (2022) の調査はディスレクシアの有病率・有症率の調査ではそもそもありません。しかし、現場で実際に子どもたちを支援する専門職支援者として、示された結果において異なる条件による、異なる状態であることをきちんと理解した上で結果を読み解かないと、大きな誤解につながります。それでは「現時点で日本国内におけるディスレクシアの出現率はどの程度か？」と聞かれると「一過性（一時点で）にディスレクシアといえる結果を示す児童は7％程度出現する可能性があり、一定期間継続して特にひらがなから問題を示す（症状が明確な）児童は1 ～ 2％程度存在する可能性がある」と話すようにしています。2つの観点からの調査においても、ひらがなから問題を示す児童は、カタカナ漢字にもより重篤な問題を引き起こすことは明らかですし、これらの、いわば読み書き障害の出現率を鑑みれば広い意味でのクラスの中で読み書き困難を示す児童の割合は、10％を超えるという点とも整合性が取れます。

（2）読み書きスキルの発達と読みの心理学のモデル
──苦手が「見える」時期について

　次に読み書きスキル（正確性や流暢性）の発達について整理します。やはり早期に読み書きの苦手さを見出すためには、どの段階でどの程度できるのかを知っておいた方がいいでしょう。この項ではいわゆる発達心理学的観点からリテラシーの発達について述べますので、典型発達の流れについても、頭の中にイメージしておきましょう。

　ここでは文字の発達をある程度滑らかに読めるようになる小学校3年生以降まで4段階に分けて説明します。なお、それぞれの段階での読み書き困難がどのように見えてくるのかについては、第4章で解説します。

　まず文字の理解の発達の前提について解説しておきましょう。典型的かつ一般的な環

28

第 2 章 「読み困難」とディスレクシアの基礎知識

境下では話しことばの発達から書きことばの発達へといった道筋をたどります。特異な例（別の言語障害をもつなど）を除けば、話しことばの理解（聴覚的理解）の段階を書きことば（文字理解）の理解の段階が超えることはありません。そして話しことばの発達と同様で表出の段階が理解の段階を上回ることはありません。わかりやすく言い換えれば本人がよくわかっていない文字を繰り返し書かせることは正直意味がないともいえます。意外と発達や支援の現場において「読める」ことから「書ける」ことへの順序性をあまり意識しない（したとは思えない）支援や介入が散見されるのも困ったものです。

(3) 読み困難＝ディスレクシアとなるのか？

　結論から申し上げると、読みの困難さ＝ディスレクシアとはなりません。ディスレクシアはあくまで読み困難の 1 つの原因と考えておきましょう。海外では「ディスレクシアは読解障害の中で本当に独立した障害なのか」といったディスカッションもないわけではありません（Kirby, 2020）。本邦では、学習面の問題でディスレクシアに焦点が集まりすぎる傾向にあり、純粋な認知機能障害が確認できない読み困難事例も、非症候性読み困難（NSRD：ディスレクシア非典型読み困難といってもいいかもしれません）となり、支援対象となるはずですが、「ディスレクシアでなければ読み困難ではない」と飛躍した結論に至る傾向も少しあるように思います。これは特別支援の教育の視点から考えれば少々危険であると思います。

1）第 1 段階（文字の意味に気付く段階：4 歳半ころまで）

　多くの子どもたちは 4 歳ころには文字に関心を示し始めます。もちろんそれより早く文字に興味を示す子もいるかもしれません（示しても示さなくてもこの段階では何の問題もありません）。お兄ちゃんお姉ちゃんが書いた文字を見て「自分も書く！」と文字のようなものを書いて、それを大人に見せて「すごいでしょ！」とやってみたり、自分で本を持ってきて、まだ字が読めないにもかかわらず読んでいるつもりになったり、こういった文字に対する興味関心が周りから見てもわかるくらい高くなってきたとわかる行動が現れる時期です。保育園では年少児・3 歳児（その年に 4 歳になる子どもたち）に相当します。この段階を「萌芽的リテラシー」の段階といいます。

　この萌芽的リテラシーの段階はさらに大きなポイントがあります。文字に対する興味関心が上がるだけでなく、さまざまな生活の中で文字に触れる経験を通じて「書かれた記号（文字）って何か意味があるんだ」と文字が「意味をもった記号」であることに気

付くこと、次の段階に向けて文字の認識や音の意識といった読みの基礎となる能力を鍛えていく段階であることです。この段階の子どもは文字が読めていなくても、お気に入りのキャラクターやアニメのロゴは見て「これ好き！」「ほしい！」と反応しますし、もちろん英語が読めてなくてもファーストフード店の看板を見て保護者の手を引っ張って「食べたい」とおねだりします。字面全体で何となく文字の塊が指し示す意味をぼんやりとイメージできる結果の行動であるといえます。また、年中児になると、文字のイメージが上がってきてさまざまなことば遊びにも興じることができるようになります。これらは読みの正確性の基礎である音の意識や認識の向上を反映した行動であるといわれています（「(4) 背景となる認知機能と影響する要因・定義・病理的背景)」参照）。

　読みのスリーステップモデルを提案した Frith（1985）はこの文字の塊に反応する段階のことを「ロゴグラフィックステージ」と表現しました（詳細な解説は第4章参照）。一方、この時期の話しことばの理解（聴理解）はどれくらいかというと、理解語彙の側面では3歳ころまでには大小や色名（赤・青・黄色・緑）といった幼児期初期に獲得される抽象語の理解も進み、さらにそれぞれの品詞の語彙数も拡大する時期となっています。文の理解の側面では、4歳初頭では、まだ助詞を手がかりとした文の理解＝統語構造の理解には至っていませんが、「パパ・かいしゃ・いった」という3つ程度並んだことばを同時に処理し、一つひとつのことばの意味から、文全体の意味を推論する段階です（「意味ストラテジー」）。さらに4歳後半ころにはことばが並ぶ順序を意識してより効率よく文を理解しようとします（統語構造の理解のはじまり）。つまり「ことばの最初に出てくる品詞が主語（動作を起こした主）」という意識の出現で、専門用語ではこの文の理解方略（理解の仕方）を「語順ストラテジー」といいます。文字を習得する前段階では話しことば、書きことば双方の基礎となることばの意味に1つでも多く気が付いていく段階ともいえます。本人がよく知っている（聞いて理解できる）事物がどんどん増えて、それになんとなく塊でわかる文字列（書きことば）の対応が増えることで、次の段階への移行がスムースになります。

　補足すると、この段階の子どもはまだ自分の名前であっても単語を1文字ずつ切り分けて確実に読むことができるわけではありません。ただ、全体で見ると、なんとなくこれが自分の名前だなという自覚は出来上がってきている時期といえます。文字の塊を見て読むのは、まとまり読みの段階に近いように思えるかもしれませんが、なんとなくわかるだけで文字に含まれている音の情報や意味の情報が瞬時にして正しく想起できているわけではありません。

2）第 2 段階（〜 8 歳ころまで）

　この段階は「文字と音との対応関係（文字音変換のルール）を獲得する段階」であり、さらに理解を深めるために基本的な文字と音の変換のルールが定着する時期（小学校入学前まで）と、その文字と音の基本的なルールの定着と自動化、それを応用した複雑な読みのルールを意識する時期（小学校 1 年生）の 2 つの段階に便宜的に分けて説明したいと思います。

　まず生活年齢 5 歳を過ぎたころから、一気にひらがな 1 文字の読みができる子どもが増えていきます（もちろん、これより前から読めている子どももいます）。ひらがな 46 文字をそのまま 1 つの読みが対応する清音、濁点のついた濁音、○のついた半濁音と総称して直音と呼びます。ひらがな 2 つの組み合わせを除いたものや特殊な表記ルールを除いたものです。このひらがな直音の読みは小学校に入るまでに獲得されることが明らかになっており、年長児童の直音音読正答率の平均は 90 ％を超えるといわれています。併せて年長児童で全く文字が読めない子どもがどの程度いるのかという調査も行われており、その結果は 1 ％程度にとどまっていました（村石・天野，1972）。

　つまり、小学校に入る前までの段階で基本的なひらがな 1 文字の読みは完成しているといっても過言ではありません。就学前の子どもを対象とした読みの発達に関する調査は 1970 年代から現在に至るまで数多く行われていますが、ほぼ同様の結果を示しています（国立国語研究所，1972；島村・三神，1994；太田他，2018）。時代と文化の変化に関わらず、結果が同じであるということはとても興味深いです。これらの結果から保育環境や家庭環境、本人の興味といったものは極端な事例を除けば、極めて基本的な部分の読み獲得にはあまり影響しないといえます。「つまり教えていない」「興味がないから読めない」ということは成り立たなくなります（この楽観的な見通しが介入を遅らせる 1 つの要因になっています）。はっきり申し上げれば、年長児の段階で周囲の子どもと同様の指示理解ができていたり、やりとりができるにもかかわらず、ひらがな 1 文字を読ませてみると「5 文字のうち 2 つ間違った」場合、読みは苦手と判断できます。学校に行って嫌な思いをしないように就学前の段階から手厚く見守っておく必要があると理解しましょう。これは学習障害の有無をここで判断するものではありません（あくまで「苦手である可能性」を示唆するものにすぎません）。この前半部分でのルールの獲得の土台には前段階でも培ってきた音韻意識の発達があります。この読みルールの獲得の土台によって、わざわざ意識して練習しなくとも文字と音との対応関係のルールが

頭の中にイメージできるようになるわけです。

　昨今、読み書き障害の子どもたちは、このルールの獲得と運用にてこずり、この第2段階の前半にとどまる期間が長いことが示唆されています。ただ、繰り返し聴くこと、たくさん文字を読む経験をさせるだけで、ルールが獲得できるわけではありません。むしろ成果の少ない努力を強いられることによるマイナスの影響も生じます。特性のない子どもたちの数十倍の試行錯誤と努力を既に強いられている、と考えておきましょう。ディスレクシアは全く読めないわけではなく、各段階に到達するためのハードルやそこに至る労力が人の何倍も高いという状態を示すわけです。

　このように、小学校に入る前までに獲得した文字と音との変換の規則を小学校以降の学習場面で繰り返し使用することで「定着」（自動化）させ、さらに複雑な変換ルールを獲得していくのが第2段階の後半になります。小学校入学前後で「しゃ」「ちょ」など拗音の読みもおおむね安定し、複数のルールを同時に適用すること（「ぎゃ」など）も可能になります。拗音より少し難しいのが促音や長音といったもので、さらに難易度が上がるのが「わ」と「は」、「え」と「へ」の使い分けといったものになります。小学校1年生の段階でこれら特殊音節を時々読み間違うのは発達的観点からみても十分あり得ますので、過剰に心配する必要はありません（ただし、個人内の能力での比較が大事です）。これらは実際の発音と表記が異なるいわゆる特殊音節であり、難易度の高い特殊音節は、基礎のルールがあやふやな段階の子どもやようやく基礎が入ったディスレクシアの子どもにとってはより厄介な代物になります。読みのルールが定着するに従って子どもたちは文字を通じて多くのことを学びます。小学校入学までは新しいことばを学習するきっかけは実際に「聞く」手段が中心ですが、本や文字を中心としたメディアへと一気にシフトしていきます。この小学校1年生から2年生にかけての語彙の拡大はその後の読みの発達において重要な役割を果たします。

3）第3段階（8、9歳以降）

　読みの速さは小学校2、3年生を境にして一気に速くなっていきます。（この読み速度の顕著な向上の背景を）一言で言うと、「まとまり読み」ができるということになります。この第2段階から第3段階へと移行する段階で心理学の観点からも児童に変化が起こっていることが明らかになっています。図2-2にコルトハート博士が提唱した「二重経路（DRC）モデル」を示します（Coltheart, 2001）。これは単語の読みに関する情報処理のモデルとして代表的なものです。

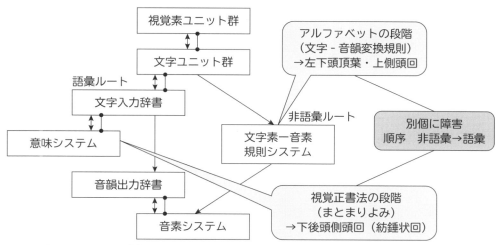

図 2-2　DRC（単語の読みの情報処理）モデル（Coltheart, 2001 一部改変）

　この単語の読みの二重経路モデルについて少し説明します。人は単語を読もうとする時に、文字を 1 つずつ追いかけて音に変換していくプロセスと、単語をまとまりで捉えて処理し意味を想起し一気に音に変換するプロセスの 2 つがあり、この 2 つのプロセスが同時に働いているというものになっています。もう少し詳しく説明しますと 1 つずつ文字を音に変換するプロセスのことを、専門用語で「非語彙ルート」、まとまりで変換するルートを「語彙ルート」と呼び、後者の語彙ルートは、さらに意味を介する意味的語彙ルートとあまり意味の介在を必要としない非意味的語彙ルートの 2 つが想定されています。

　これらの 2 ないし 3 つのルートが同時に働くことで、人は円滑に「読み」のプロセスを維持することができるといえます。例を挙げて説明をすると、「でんしゃ」という単語を読む場面を想定してみましょう。非語彙ルートの働きで、「でんしゃ」という文字を 1 文字ずつ「で」「ん」「しゃ」と音に変えて読むことができるわけです。併せて語彙ルートでは「でんしゃ」という文字列から一気に「線路の上を走る乗り物だな……」と意味を想起し /densha/ の音へと変換します。当然読みの効率は 1 つずつ読む非語彙ルートよりもまとめて読める語彙ルートのほうが圧倒的に良い（つまり速く読める）ので、語彙ルートが上手に働きだすころに「あっ、読みの速さが一気に速くなった！」と外見上観察されるわけです。

　また同時に働いていることも大切な意味があります。初めて見ることばや全く知らないことばを読もうとする時、皆さんはどうしますか？　1 文字ずつ読んでいくか、ある

いは過去に読んだことがあるよく似た単語を想定しながら読もうとするのではないでしょうか。２つの経路が同時に働いていることで、我々は初めて見たものも読むことができますし、ついついよく似た単語に読み間違えた場合も「あっ、間違えた！」と気が付いて修正することができるわけです。発達の順序からみると第１段階、第２段階で非語彙ルートが成熟し、第２段階から第３段階をかけて語彙ルートが成熟し、徐々に語彙ルートが優位に切り替わっていくといえます。

　この語彙ルートの成熟にはいくつかの条件があります。図の中にあまり耳慣れない（見慣れない）「文字入力辞書（lexicon）」という用語に気付かれたでしょうか。この文字入力辞書は心的辞書のことであり、頭の中に蓄積された「ことばの辞書」を指します。この辞書は入ってくるプロセスと出ていくプロセスをそれぞれ別個に想定しています。この「辞書」を育てるには読みの経験（文字に触れる経験）が必要不可欠とされています。既に第２段階で読みの苦手さを自覚している子どもたちにとって「本をたくさん読みなさい」と一方的に声をかけるのは、苦行以外の何物でもありません。学習に与える影響という観点から申し上げると、読みが苦手であること以上に、読みが苦手であるために文字から遠ざかり、結果として新しいことばに触れる機会が少なくなってしまうことが大きな課題となってしまいます。

　少々乱暴に申し上げると、ある程度ことばに触れて頭の中にことばの辞書が育っていないとこの第３段階への移行の「肝」である語彙ルートの成熟はままならないということになります。誤解がないように申し上げると、これは読み書きの苦手な子どもに「無理やりにでも本を読ませろ」と言っているわけではありません。第４章でも解説しますが、最も大切なことは、「文字の苦手意識をできる限り軽減すること」「基本的な読みのルールの獲得を対象の認知特性に合わせた形で提案すること」が肝要です。最も大切なことは「文字を嫌いにさせないこと」です。さらに読まなくても新しい語彙に触れることができる環境を作ることができればこれに越したことはありません。なお単純に発達段階によって読みのプロセスが変わっていくだけではなくて、扱う文字や単語の種類によってもそれぞれのルートにかかる負荷が異なることにも注意が必要です。

　この第３段階に至ると読み効率が上がり速度が一気に速くなるため、特にことばの意味を処理する力が高く、語彙力が保たれたディスレクシアの児童では意味のあることばの読みスピードも一気に速くなります。特にそれまで読みの苦手さが目立っていたため、「特性がなくなったのではないか？」「障害はやはり気のせいだったのではないか？」といった誤解も生じることもありますが、やはり初めて読む文章や、意味内容が難しい

第 2 章 「読み困難」とディスレクシアの基礎知識

あるいは把握し難い文章を読む場合では明らかに時間が長くかかります。また内容は理解できるが、語尾の言い誤りやあまり一般的に使用しない読み方での単語の読み誤りなどが目立つ場合もあります。

4）第 4 段階（まとまり読み以降）

　第 3 段階までで基本的に単語の読みということに限れば大人と同様の処理のプロセスを獲得したということになります。ではこれ以降、読みのスピードや読解プロセスの巧緻性は変化しないのかというと、もちろんそのようなことはありません（少しずつ速くなります）。あくまで Frith の読みのスリーステップモデルも単語に限ったものです。これ以降、語彙力の増大だけでなく、特に読解というプロセスで考えた場合、既に獲得された知識を利用して、文章を効率的に処理する、いわゆる文脈を読む力や知識や経験に基づいた非典型的な単語を上手に読む、文全体の方向性から馴染みの薄いことばの意味を推論するといった、いわゆる読解における「トップダウンプロセス」（奥村他, 2014）が重要になる段階になります。読み速度も緩やかですが結果的に少し速くなります。この第 4 段階での読みとその苦手さには、いわゆる読み障害の文字を音に変えるデコーディングの問題よりも、①読み経験、②その結果の語彙力とそれを活用する力、③推論や文脈を読む能力が多分に問われることになります。ひらがな、カタカナで困難を示さなかった児童でも漢字になると手に負えなくなるといったことも見えてきやすい時期です。先ほども述べたように、ひらがなから困難さを示す児童はカタカナや漢字も困難さを示しますし、カタカナで困難さを示す児童は漢字も困難になります。また、ひらがな、カタカナはどうにかクリアしていても漢字では能力をオーバーフローさせて、漢字で困難さを見せる子どももいます。

　筆者も実際にディスレクシアの子どもの読みを支援していた際に、その子の認知特性に合わせた指導でひらがな、カタカナの読み書きスキルがある程度伸びた児童の保護者の方で、時々「治った」と喜ばれる方がおられます。もちろん苦手な子どもが「ひらがな、カタカナが読めるようになった！」「書けるようになった！」ということはとても嬉しいことであり指導者冥利にも尽きるのですが、「治った」というところに関しては違いますので、改めて丁寧にお話をさせていただくようにしています。まず、個々人の認知特性は「治った」というものではありません。言い換えれば簡単に治るものであれば、認知特性とはいいません。そして現在のインクルーシブ社会の文脈においても「特性は治すもの」という考え方は、多くの誤解と偏見を生む元にもなりかねません。詳し

35

くは第 4 章で述べますが、この第 4 段階で一番大切にしないといけないことは「苦手があるけれども、このように工夫をするとうまくできる」という実感を支援の中で本人がもてることだと考えています。思春期に差し掛かる年齢を前にして、この段階は自分の認知特性を前向きに知るための段階ともいえると思います。

　なお、漢字の読みについてはいわゆるデコーディングの障害であるディスレクシアとはまた別の視点も想定しておかないといけませんが、それは次の項で述べます。これらの要因も読みの苦手さと二次障害を見分けることの難しさにつながっているのかもしれません。

（4）背景となる認知機能と影響する要因・定義・病理的背景

　本項では読み障害の医学的かつ心理学的背景についてわかりやすく説明を加えますが、説明に先立って 1 つ前提を解説します。昨今、SNS 上では発達障害ということばの浸透に比例して、さまざまな玉石混交の意見が飛び交っています。エビデンスレベルの担保されたものから「一体これはどこから導いた意見なんだろう？」といったいわゆるトンデモ理論までさまざまです。特に始末が悪いのは、一定のエビデンスのある研究知見の一部をうまく利用したり、都合の良いエビデンスを利用して自分の意見や主義・手技の正当性を主張したりする人が少なくないことです。なぜこのようなことが起きるかといえば、発達障害に関する医学や心理学の研究は、まだまだ緒についたばかりであり日々日進月歩で、大きく変わることが背景にあります。言うならば、今日の事実は 3 年後の「トンデモ理論」という可能性も決して少なくありません。

　また、脳科学の進展に伴って発達障害の背景要因についてさまざまなことがわかるようになりましたが、脳科学、特にニューロイメージング技術が絶対かというと、決してそんなことはありません。その結果の解釈には、解釈をする人間の恣意的な要因が多分に含まれます。この項で解説することも本書執筆時点（2022 ～ 2023 年）において、できる限り間違いが少ないことを前提としていることをご理解ください。新しい研究成果がこれからさらに出てきて、ここに書いてある事実も大きく変わる可能性が多分にあります。その上で読んでいただければ幸いです。第 1 章でも述べましたが、障害があるかないかといった二元論からは脱却することが大事です。

　さて、本題に戻って読み障害の中でも限局性学習症と診断がつく児童の中核に位置するディスレクシアとは何かについて今一度定義をおさらいしてみたいと思います。国際ディスレクシア協会（International Dyslexia Association: IDA）のディスレクシア

36

第 2 章　「読み困難」とディスレクシアの基礎知識

表 2-1　ディスレクシアの定義（IDA, 2002）

> Dyslexia is a specific learning disability that is neurobiological in origin. It is characterized by difficulties with accurate and/or fluent word recognition and by poor spelling and decoding abilities. These difficulties typically result from a deficit in the phonological component of language that is often unexpected in relation to other cognitive abilities and the provision of effective classroom instruction. Secondary consequences may include problems in reading comprehension and reduced reading experience that can impede growth of vocabulary and background knowledge.

の定義では、原因、心理学的背景、実際の行動面の特徴、その特性がもたらす二次的影響についてわかりやすく説明しています。実際の文書は**表 2-1** のとおりです。

　この内容を整理すると、まず①ディスレクシアは神経生物学的素因によって起きる特異的障害であり（起源と性質：ニューロイメージングおよび分子生物学的観点）、②目に見える行動上の読みの特徴は正確かつ（または）流暢な単語の読みや「綴り」の弱さ（実施に伴う過剰な負担＝困難さ）であり、③これらの困難さは当該の学習以外のクラスでの様子や読みと関連しない他の認知能力からは想像もつかない（教育心理学的観点）、④背景には読みスキルに関連の深い「音韻処理能力」の弱さが主に想定され（認知神経心理学的観点）、⑤読みの苦手さが引き起こす二次的な影響として、文字に触れる経験が少なくなることで語彙獲得や背景知識の獲得を妨げる可能性があり、「結果として」読解力の低下を引き起こすリスクが上がる（教育学的観点）となります。この順序に沿ってディスレクシアとして症状が成立する背景について 5 つの中から必要なものを説明します。

1）ディスレクシアは神経生物学的素因によって起きる特異的障害

　まず、この読みの困難さがどういった医学的背景によって出現するのか説明します。ディスレクシアに関わらず発達障害全般が「なぜ起きるのですか？」とお聞きすると、多くの方が本人の努力や保護者の育て方、その他環境要因の影響ではない、と答えてくださるようになりました。そして少なくとも最初のきっかけは「何らかの脳の機能の障害んでしょ」と答えてくださるようになりました。ただ、この「脳の機能の障害」後は一体どういったものなのでしょう。そしてその脳の機能障害と呼ばれているものはなぜ起きるのでしょうか。結論から申し上げますと、いくつかの可能性のある理論が示されていますが、そもそも状態像自体が多様であり、いまだ確実にこの 1 つの理論で説

明できるという確証が得られている段階にはありません（1つの理由で説明できる未来は
おそらく来ないでしょう）。

　この最初の神経生物学的素因ということばから、脳神経系のネットワークに何らかの
特異性があること、またそれが生物学的素因、つまりいわゆる遺伝子のレベルでその
きっかけが生じていることが推測されます。大脳機能のネットワーク理論に関してはこ
こでは述べませんが、ディスレクシアのみならず、発達障害の原因が遺伝か環境かと
いった二元論で説明できるほど単純なものではないことは既に述べたとおりです。ただ
そう言っていると話が次に進まないので、あくまで今わかっている病理的な側面につい
て述べていきたいと思います。

　他の発達障害に比べてディスレクシアは次の世代に引き継ぐ確率が高く、両親のどち
らかがディスレクシアであった場合、子どもがその傾向を引き継ぐ確率はおよそ40〜
60％と報告されています（福島・川﨑，2007）。きょうだいや家族で近い状態を示す
ことは少なくありません。海外ではディスレクシアに関係する遺伝子がいくつか報告さ
れています。代表的なものとして *DYX1C1*、*ROBO1*、*DCDC2* といった遺伝子の
変異（異常ではなく変異）です。特に *DYX1C1* は海外で家系解析も進んでおり、この
遺伝子の役割は言語を処理するそれぞれの領域を接続する上での役割が示唆されている
ようですが、本邦での調査結果では日本人のディスレクシアと診断された方では、この
遺伝子の変異をもっている方は稀であることが報告されています（上坂他，2011）。

　そもそも人の精神活動の司令塔である脳神経系において、1つの遺伝子変異が元で
1つの症状とダイレクトに対応してしまうと、さらに多くの課題を我々は日常生活でか
かえることになります。脳神経系に対する遺伝子の発現は極めて複雑であり、目の前に
見える状態にはいくつかの遺伝子が相加的・相乗的に働いた結果を反映しています。つ
まり、さまざまな状況に対応できるように飛行機のコックピットのような多くのバック
アップがかかっています。そもそもヒトゲノム計画以降、ヒトの遺伝情報が全てわかっ
たといっても、それはあくまで塩基配列を読み解いたものにすぎません。脳科学同様、
遺伝子を調べれば「障害の全てがわかる」という時代はまだ先のようです。

　少し興味深い報告で、イタリア家系ではこの *DYX1C1* の遺伝子の変異があったと
しても、ディスレクシアを生じないといったものがあります。既に説明したとおり、イ
タリア語は最もディスレクシアの出現率が低い言語といわれています。これらの遺伝子
の変異は「ectopia（エクトピア）」など皮質形成異常に関連するという報告もあり、
おそらく脳神経系のネットワークの発達の特異性には関与していると考えられますが、

第 2 章 「読み困難」とディスレクシアの基礎知識

あくまで遺伝的素因は脳神経系のネットワークの発達の特異性のトリガー（きっかけ）にすぎないと理解しておくとよいでしょう。

2）ディスレクシアの背景となる認知機能障害

「②目に見える行動上の読みの特徴は正確かつ（または）流暢な単語の読みや『綴り』の弱さ（実施に伴う過剰な負担＝困難さ）」については既に説明したとおりです。ここでは「③これらの困難さは当該の学習以外のクラスでの様子や読みと関連しない他の認知能力からは想像もつかず（教育心理学的観点）、④背景には読みスキルに関連の深い『音韻処理能力』の弱さが主に想定される（認知神経心理学的観点）」＝「ディスレクシアの背景となる認知機能障害」について述べたいと思います。

読みの発達で述べたとおり、読みスキルを獲得していく前提として①話しことばの理解がある程度できていること、②文字に対する興味関心があり、学習の構えと土台ができていることが重要です。つまり知的発達の問題や注意や実行機能の問題は読み書きスキルに直接ではなく学習の土台として読み書きに影響を及ぼすことになります。注意や行動の問題は学習面にも色濃く影響します。さらに文字を処理する上で特に必要な認知機能について述べます。

3）音韻処理の弱さに関するもの

音韻処理能力とは耳にしたことばを認識し音の最小の単位に分解し、操作する能力を指しています。話しことばを構成する最小の単位は使用することばによって異なります。この能力が文字と音との対応関係（ルール）を学習する基礎になります。ディスレクシアの症状を示す児童では、この音韻処理能力が弱いか十分に使えていないと考えられています。文字と音のルールが複雑になればなるほど音韻処理能力にかかる負荷は高くなります。実際に音韻処理能力の測定をする際には、単語の逆唱課題や、提示した単語の一部の音を削除して答える課題（拍［モーラ］削除課題など）といったものを用います。音韻処理能力が弱い、制限がかかる、十分に使えないと読みの正確さに影響が出ます。

我々が話しことばの音の違いに気付くのはその音の違いが意味の違いに結びついているからです。つまりしっかり聞いておかないと意味を取り違える可能性のある状況が、音の違いを認識する土台に結びついているわけです。音韻処理能力の発達と知的な発達は高い相関関係にあります。

39

4) 呼称速度の問題に関するもの

　ディスレクシアにおける呼称速度の問題は、個人が色、物、数字、または文字を迅速に識別し、声に出す効率に関する能力の低下として理解されています。この能力の制限や問題は、読みの流暢性に大きく影響を与え、言語の処理速度や視覚的認識能力にも影響を与えます。呼称速度が低下すると、文字や単語の認識、意味の割り当てが遅れ、結果として文章の理解効率が著しく低下します。読み書きの効率に関わる問題は新しい単語の学習にも影響を及ぼし、学業成績やコミュニケーションに悪影響を及ぼす可能性があります。

　呼称速度の問題は、単に読み速度の遅さに留まらず、ことばを用いた認知や思考処理の遅さにもつながります。例えば、視覚情報の迅速な処理や言語への変換が困難になると、注意が散漫になり、学校の授業や試験、仕事の会議など、長時間の集中が要求される状況でのパフォーマンスに影響を及ぼす可能性があります。

　音韻処理の困難と呼称速度の問題の組み合わせがディスレクシアの出現につながるという「二重障害仮説」が長らくディスレクシアの認知障害の中心とされてきました（Wolf & Bowers, 1999）。この仮説は、音韻処理能力と呼称速度の両方の問題が読み書きの困難に関わっていると考えます。例えば、「包括的領域別読み能力検査（CARD）」の「文字音変換」や「音しらべ」課題は、音韻処理能力と密接に関連しているとされています。

5) 視覚性注意スパン（Visual Attention Span: VAS）について

　視覚性注意スパン（VAS）は、「同一視野内で分配可能な（視覚的な）注意の総量」と定義されます。この能力は、文字や単語の識別に不可欠な視覚情報の処理に直接影響を及ぼします。視覚性注意スパンが低下すると、単語内の個々の文字を正確に識別し、それらを有意義な単位として統合する効率が低下します。その結果、読み速度の低下を引き起こし、誤読や理解の誤りも生じやすくなります。さらに、視覚性注意スパンの問題は、スペリングの誤りなど、書く際の誤りにも影響を与える可能性があります。読み書きの苦手な児童は代償的に単語を細かく認識しようとして、より認知資源を消費し疲れやすくもなります。

　重要な点は、この能力がワーキングメモリーとも密接に関連していることです。ワーキングメモリー自体もいろいろと誤解の多いところがありますが、学習で極めて重要な

側面であることは言うまでもありません。視覚性注意スパンの低下は、単に読み書きにおける文字の識別やスペリングの問題に留まりません。例えば、視覚的に提示された情報を迅速かつ正確に処理する能力が低下すると、学習や日常生活において必要な速やかな判断や反応が困難になる可能性があります。その影響は新規の学習場面でより顕著になるでしょう。また、読みや書きのタスクにおいて、文字や単語を処理する際の注意の散漫や情報の欠落が生じることで、学業や職業生活におけるパフォーマンスにも広くじわじわと効いてくるでしょう。この視覚性注意スパンの弱さの影響は特に情報が複雑であるか、高い集中力を要求される状況（例えば、複数の課題を同時に処理するような場合）で顕著になることがあります。ある程度の代償はできてもいざという時に特性が顔を出す可能性があるわけです。なお、視覚性注意スパンを測定する医療現場で使用されている検査は現在ありません。

（5）メタ言語的認識スキルの弱さについて
——音韻処理の「障害」なのか？

ここまで、ディスレクシアにおける音韻処理能力や視覚性注意スパン、呼称速度といった読み書きスキルの獲得に深く関連する認知機能について触れてきました。さらに、メタ言語的認識スキルの重要性もディスレクシアの文脈で注目されています。メタ言語的認識スキルとは、言語について考え、分析し、意識的に操作する能力を指します。これは、ことばの意味や使い方を文脈に応じて適応させる力、例えば、日常会話でよく使われる比喩や皮肉を理解し、適切に反応する能力などを含みます。

最近の研究では、ディスレクシアをもつ個人は、音韻処理能力自体に障害があるのではなく、もっている能力を効果的に活用できていない可能性（つまりメタ言語的認識スキルの問題）が高いと示唆されています（Wydell, 2023）。この観点から、メタ言語的認識スキルの弱さは、音韻情報を適切に処理し、言語の複雑な側面を統合する上での障害と捉えることができます。

具体的には、ディスレクシアのある子どもが新しい単語に遭遇した時、典型発達の子どもと比べて、デコーディングに課題を抱える分、メタ言語的認識スキルの一環としての文脈利用能力に依存する割合が高くなります。メタ言語的認識スキルの低下はさまざまな読み困難の実態を客観的に表すことができる可能性をもっています。

このように、「読み困難」におけるメタ言語的認識スキルの弱さは、単に音韻処理の問題だけに起因するのではなく、言語のより広範な運用能力に関連します。

（6）まとめ

　ディスレクシアにおいて音韻処理の問題は「必須条件」といえます。そこに呼称速度の問題や視覚性注意スパンの問題などが合わさることによって一人ひとりのディスレクシアの実態が形づくられていくと考えてよいと思います。この形づくられた「ディスレクシア」の実態がそのまま「読み障害」に直結するのではなくて、ディスレクシアの実態に相加的・相乗的に、土台となる能力や上記以外の認知機能（意味処理能力など）、さらにその児童を取り囲む学習環境といった要因が相互に影響しあって読み障害の実態を形作っているといえます。さらに目の前の「読み困難」の実態を正しく読み解くためには、メタ言語的認識スキルの観点が必須であり、その解析のためにはその人の歩んできた発達の時間軸に沿った検討が必要となるでしょう。

　読み書き困難の教育や支援の文脈において、音韻障害の有無にこだわる傾向が強いように思います。ディスレクシアの背景にメタ言語的認識スキルが指摘されている以上（音韻処理だけを扱っているわけではありません）、このこだわりは過去のものとするべき状況にあります。

　しかしながら、「音韻障害を前提としたディスレクシアとして医学診断が可能かどうか」にこだわりすぎるあまり「読み書き困難」の実態から評価が懸け離れてしまっては本末転倒と言わざるを得ません。

第**3**章

「書き困難」と
ディスグラフィアの基礎知識

1 実態理解

　本章では書きの困難さを取り上げます。「書き困難」は状態像を表すことばであり、「なぜそのような状態を示すのか？」といった背景（つまり書き困難の状態を示す障害）は多岐にわたります。ディスレクシアを発達性読み書き障害と訳する考え方もありますが、本書ではディスレクシアを読み障害、書き困難の中核である障害を「ディスグラフィア」とします。日本語を使っている人たちにどの程度「ディスグラフィア」が存在するのかは明らかになっていません。いくつか書き困難の発症率について検討はなされていますが、方法や対象の選択の仕方が一定ではなく実際の数字を推定するには至らないというのが現状です（Uno et al.,2009；杉本，2022）。ただ間違いのないことは、書きの困難さを示す人は読みの困難さを示す人以上に多いということであり、学習面の困難さの中で最も多いということです。

　ただ、結果として「書き困難」の状態を引き起こすのはいわゆる典型的な「ディスグラフィア」だけに限りません。書き困難の実態を背景要因や、ディスレクシアでも取り上げた書きと関係の深い認知機能の特徴も含めて2つの読みとも絡むタイプと2つの書き独特のタイプの4つのタイプに分けて説明したいと思います。このタイプ分けはあくまで書き困難の実態を背景要因に基づいて説明するための筆者の便宜的（操作的）なものですので、その点を踏まえて読み進めてください。また、皆様が担当されている書き困難の様相を抱えている目の前の児童の実態と照らし合わせつつ、理解を一歩進めてみてください。

　いわゆる日本語の書き困難で最も多いタイプ1からタイプ4を見ていただくと、書くことに関連する能力やスキルがとても幅広いことがわかると思います。

（1）タイプ1：読み困難が基盤となって書き困難を伴うタイプ

　ディスレクシア（読み障害）の結果、書字にも影響が出た事例をタイプ1としました。ディスレクシアを読み障害と捉える人たちもディスレクシアの大部分に書きの困難さを合併することを認めています。ではなぜ読みの問題であるディスレクシアにもかかわらず書きに影響が出てしまうのかを考えてみましょう。これには2つの理由があります。まず前章で説明したとおりディスレクシアでは文字と音との変換規則を獲得し定着させるプロセスに課題をもちます。

44

第 3 章 「書き困難」とディスグラフィアの基礎知識

この文字と音との変換規則ですが、文字を音に変換して読むプロセスと音を文字に変換するプロセス（これをエンコーディングといいます）とは表裏をなします。つまり誤った文字と音の変換をそのまま文字に起こしてしまうタイプです。このタイプでは特に音韻処理の負荷が高く、難易度の高い文字（特殊音節など）で誤りが増える傾向にあります。ディスレクシアの一番大きな原因である音韻意識の問題が書きにも影響を及ぼした結果ともいえます。英語を考えてみるとよりわかりやすいのではないでしょうか。うまく読めない単語は当然うまく綴れません。アルファベット圏では「読み書き」の障害というよりも「読み綴り」の障害といったほうが伝わりやすいのもそのためです。言い換えれば、このタイプは読みのルールの課題が根底にあるため、音→文字の変換効率も悪くなるタイプと言い換えることができます。

逆にこのタイプの子どもの場合、ひらがなやカタカナの読み指導の経過に従って、書きの指導をあまりしていなくても、ひらがなやカタカナの書きが改善することがあります。ただこの効果は漢字ではあまり反映されません。そもそも漢字を想起するプロセスはひらがなやカタカナと少し異なるようです。

（2）タイプ 2 : 文字が思い出せない（捉えられない）タイプ ——典型的な日本語ディスグラフィア

「効率よく文字の形を捉えたり、文字の形を効率よく思い出したりすることが苦手なため、結果として書きに問題が出てしまう事例（視覚情報処理の弱さによる）」をタイプ 2 としました。いわゆる日本語の発達性読み書き障害で、書きの困難で最も多いのがこのタイプであると考えられています。そもそも日本語は英語と異なり、ひらがな、カタカナ、漢字と多くの文字を取り扱います。

英語は日本語に比べて文字の数は 26 文字と少ないのですが、その文字を使って表す音の組み合わせは日本語に比べて圧倒的に多く、かつ複雑であるため音韻処理能力にかかる負荷は高い一方で、日本語は文字の種類が圧倒的に多いのが英語と異なる特徴です。漢字は常用漢字に限っても 2,136 文字あり、それに対して 4,388 の読みが対応（音読みが 2,352、訓読みが 2,036）しており、読みのバリエーションに関しては 26 文字のアルファベットより少ないわけです。つまり日本語の場合、これらの文字を上手に使っていくためには、音を意識して操作する能力はそこそこでよくても、効率よく文字を見て形を捉えて覚える能力が必要になります。さらに何よりも効率よく文字の形を記憶の中から取り出すといった視覚性記憶の再認のプロセスが重要になります。このプ

45

ロセスに苦手を抱えると、効率よく文字を思い出すことができない、板書が一定時間で写すことができないといったことが起きます。実は、このタイプの書きの困難さが日本語では最も多く、障害のメカニズムも日本語特有（漢字文化圏特有）であると考えられています。

　このタイプの子どもたちの典型的な書き誤りは、実は最も多いものが「無反応（思い出せない）」なのです。「枠からはみ出す」はこのタイプではなく別の発達障害特性の影響もあると考えられています。無反応に続いて多いのが文字の要素が一部増えたり減ったりする（例えば横棒が1本多いあるいは少ない）といったものです。書いた文字全体のイメージは「雑」ではなく「バランスが悪い」といったものが多くなります。これは文字を想起するプロセスで負荷がかかるため、文字全体のバランスを意識するまで意識が回らない（そこまで余裕がない）結果によるものです。このタイプの子どもたちは「丁寧に書こうとするからこそ文字のバランスが崩れる」と理解してください。文字の形を思い出す苦手さによる「形がよく似た別の文字に置き換わる」といった誤りも多くなると予測されます。朝忙しい時に急いで靴下を履き、気が付けば右足と左足で少し模様の違う靴下を履いていることはありませんか？　決して間違えて憶えたわけでなくとも、よく似た別のものを結果としてひねり出してしまうわけです。

　このタイプで少し見極めが必要となるのが、ことばの意味理解の弱さの有無です。漢字の特性上、漢字を思い出す際に意味が手がかりになることがあります。子どもの頭の中の辞書（心的辞書）の大きさや整理の程度が十分でない場合（タイプ3）、こちらのタイプに類するようにも見える可能性がありますし、合併すると書き困難は重篤になります。この部分（意味を手がかりに形を推理）が逆に良い場合（保たれている）は、手がかりの効きやすさに応じて書ける文字も増えることになります。

1）視覚情報処理の過程について

　特にタイプ2の子どもたちの特性を理解するために「視覚情報処理」のプロセスについて解説をしておきたいと思います。視覚情報処理を大まかに説明すると、対象となる形を意識して（視覚性注意）、対象を捉えて（視知覚および視覚認知）、記憶して（視覚性記憶：記銘・保持）、必要に応じて効率よく取り出す（視覚性記憶：再認）、一連の心的プロセスを指します。

　もう少し詳しく説明していきましょう。**図3-1**に「Reyの複雑図形検査」で使用する図を示します。検査はこの図形を模写する（模写）、模写した後にすぐに思い出して

第 3 章　「書き困難」とディスグラフィアの基礎知識

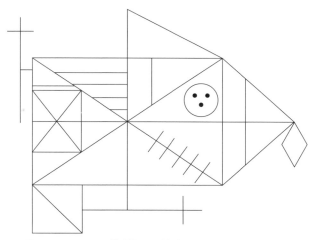

図 3-1　Rey の複雑図形検査（Osterrieth, 1944）

書く（直後再生）、さらに、さまざまな課題を行った後、30 分後に思い出して書いてもらう（遅延再生）、ある程度負荷のかかった 3 つの課題からなり立っています。この検査はもともと成人を対象として作られたものではありますが、書き困難を示す児童生徒にとっては苦手な課題であり、特に再生や遅延再生での得点低下（オステリート法に基づく）が顕著であることが明らかになっています（荻布他，2019）。このように、新たな適用が広がるにつれて昨今、児童期の基準値が示されるようにもなっています（奥村他，2014）。

さて、この図を「見て」「書いて」「覚えて（貯めておいて）」「必要な時に思い出して書く」という 1 つの学習場面として考えてみましょう。なお、視覚情報処理とはこのような一連の視覚的な情報を取り扱う認知処理の総称と考えておくとわかりやすいです。まず最初は対象をしっかりと見て捉えて描かれたものの情報を分析するプロセスです。このプロセスで必要となるのが、上手に対象を捉えるべく目を動かす働き「視機能」、対象の色や形や大きさや長さといった要素を分析する「視知覚認知機能」といった認知機能です。

最近、読み書き障害の子どもへの介入でビジョンセラピーが流行していますが、目を動かす力の問題は、直接的なディスレクシアの要因にはならないという研究も多く示されています（Arindam, 2018）。また、目の動かし方は、大きくサッケード（衝動性眼球運動）とパシュート（滑動性眼球運動）の 2 つに分かれますが、双方ともに視覚性の注意の働きと切っても切れません。眼球運動機能の課題を見ていても、その結果の中に

は眼球運動の弱さと注意を向けたり、向けた注意を維持したりすることの弱さが混在することになります。では、眼球運動をはじめとする視機能は見ておく必要がない（読み書きに影響しない）のかというと、それも筆者は「否」だと思います。ディスレクシアの直接的な原因にならないということと、視機能障害は読み書きに影響を及ぼさないということはイコールではありません。つまり、「視機能障害はディスレクシアの直接的な原因にはならないとしても読み書きスキルには結果的に影響を及ぼす」といえます。支援の立場に立てば目の前の困難さを改善することに対してはアプローチすべきです。さらに「視機能は特により年齢が高くなった段階での読みに影響を与えるのではないか」と筆者らは考えています。

　また、視機能の働きを必要とする、つまり眼を動かすためには、その見る対象を意識するところから始まります。しかし、昨今の意識の研究においては知覚すべき対象がその人にとってよく知っているものか、見たことはあるが馴染みの薄いものか、あるいは全く知らないものかによっても意識が生じる時間や反応、プロセスに違いが出ることも明らかになっています（Wolf et al., 2022）。つまり眼を動かす働き１つをとっても、①対象を意識する、②そこに注意を向ける、③視線を向けつつ同時に他のものに注意が向かないように必要以外の刺激を弱めるといった注意の働きを同時に働かせつつ、一定のパフォーマンスを維持しないといけません。「視覚は後頭葉の働き」といった単純なものではなくて、注意の働きを効かせながらしっかり見る時には前頭―頭頂葉のネットワークで、後頭葉の視覚野をコントロール（抑制性に働く）するように働きます。

　次に見えたものの情報は後頭葉の視覚野で処理されたのち、２つの経路に分かれて分析されます。いわゆる視知覚のプロセスです。その１つが、形や大きさ色といった主に対象の要素を分析する働きで後頭葉から側頭葉に情報が送られて処理します。これを「視覚腹側経路」と言います（**図 3-2**）。もう１つの経路は主に、対象の奥行や位相といったわかりやすくいえば、立体感覚や奥行きや位置や移動を分析する働きで、こちらは後頭葉から頭頂葉に情報が送られ、そこで処理を担当します。

2) このタイプの書き困難がなぜ学校現場で大きな問題となるのか

　長くなってしまいましたが、ここまでがあくまで視覚情報処理の最初の第１段階、第２段階の入り口（まず対象をとらえる）にすぎません。既に文字を捉える（認知する）プロセスまででも、多分に視覚性の注意機能や、今までどれだけの蓄積があるのか（既得の文字の心的辞書）と密接に関連していることは言うまでもありません。この後で記

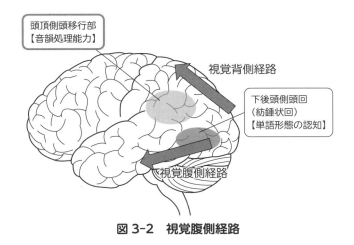

図3-2　視覚腹側経路

憶と検索照合していくプロセスに至るわけですが、この記憶と検索照合していく過程では純粋に記憶の問題だけでなく、思い出す効率には実行機能や注意の働きが密接に関与します。細かく対象を捉えていわゆるボトムアップで書こうとするとそれだけ認知資源を多分に消費し、書きの効率が低下します。結果として書いて覚える学習方略自体が非効率的なものになり、こういった負担の積み重ねがいわゆる「二次的な影響」とされる自己効力感や自尊感情の低下へとつながると考えられています。

　もちろん初めて見る文字や知らないことを書く時には、特性のない児童も対象をしっかり見ることが必要となりますが、効率よく書こうとすると自分の頭の中の辞書から手早く取り出してトップダウンで書き進める必要があるわけです。そのプロセスのど真ん中に課題を抱えるのがこのタイプといえます。

（3）タイプ3：いわゆることばの力の弱さ（語彙力など）が書きの困難さに影響を及ぼすタイプ——メタ言語的認識スキルの書きへの影響

　タイプ2でも述べたように日本語の最大の特徴として漢字があります。ご存知のとおり漢字は書くだけでなく意味とも結びついて、文脈が異なると同じ漢字でも読み方が変わるところもやっかいです。つまり上手に漢字を使いこなそうとすると意味処理能力にも負荷がかかりますし、文脈を読み取ったり意味を処理したりすることに苦手さを抱えた場合にも、その時その時に上手に漢字を当てはめることに弱さを抱えてしまいます。知的な発達に課題を抱え、その結果として書きの苦手さをきたす場合も、このタイ

プ3に該当する弱さを抱えるといえます。また、一定の割合で選択的に意味処理（記号と意味を結びつける力と考えてください）の弱さを抱える児童の存在が明らかになっています。現在名称は変わりましたが、こういう子どもたちは以前「特異的言語障害（SLI）」と呼ばれていました。

このタイプでの書きの誤り傾向は、漢字自体が思い出せない（意味から文字を想起することが苦手である）、文字の形は似ているけれども全く意味の違う文字へと置き変わってしまうといったものが考えられます。また、読み書きの困難さを抱えて、苦手意識が蓄積され、それが改善されないまま学年を経ていくと、学習全般に対して不全感を抱えることになります。ことばの意味や文脈を処理する力が弱いわけではないけれども、この力は読みの経験によって大きく左右されます。メタ言語的認識スキルの弱さを抱えると、作文や小論文を書いたり自分の意見をまとめたりするといったスキルに弱さを抱えることになります。

この中にはタイプ1や2に該当する子どもが、十分な教育的対応がなされないまま年月を経ることによって、このタイプの様相を併せもつこともあります。

（4）タイプ4：さまざまな発達障害特性が書きの困難さに影響を及ぼすタイプ（DCD・ADHD・ASD特性の影響）

ディスレクシアやディスグラフィア以外の発達障害特性で、書くことの困難さが出現することもあります。これをタイプ4としました。頻度が高く皆様にもイメージしてもらいやすいのがDCDに伴う書き困難ではないでしょうか。目と手の協応や結果として生じる手指の巧緻性の問題は文字を書く上で最終的なアウトプットのプロセスに影響します。

また注意障害があればそもそも読み書きの学習効率の低下が予想されますし、ASDやADHDでの実行機能の問題は、文字を学習する方略を組み立てることに影響を及ぼす可能性があります。

筆者らの経験した例ですが、ASDの確定診断があって、読みに一切問題がないにもかかわらず漢字の書きが重篤に障害されている事例がありました。既存のディスグラフィアに関連する認知機能の検査では、比較的視覚性記憶の課題で他の能力に比べると点数が低いこと以外に特に問題を示していませんでした。

筆者らも支援の方向性を決める上で頭を抱えたわけです。本人からしっかり聞き取りを行い（本人の年齢が高かったので）、さらに学習場面での観察を繰り返していった結

第 3 章　「書き困難」とディスグラフィアの基礎知識

果、1 つの結論にたどり着きました。結論から申し上げますと「どうやって漢字を覚えたらいいのか方法がわからない」とのことでした。つまりどこに目を向けていけばいいのか、その方略を上手に立てていくことができなかったわけです。読み書きの困難さがあるとすぐに関連する認知機能ばかりに注目を向けがちになりますが、典型的な例だけに注目する傾向を戒める上で大事な事例となりました。まとめておくとタイプ 4 は、学習の基盤となる実行機能や注意の問題、書きの実行の段階の問題が書く行為に影響するタイプといえます。

2 読み書きスキルと認知機能の関連——学力に及ぼす影響

　これらの認知機能と読み書き障害との関係を考える時に注意をしておきたいことは、この関係は障害の原因と想定されているものであって、決してスキル自体と単純に相関しているわけではないということです。わかりやすく言えば（当たり前のことですが）、読みの正確性を獲得する極めて短い時期を除いて「音韻処理能力が高ければ高いほど読みの正確性が高い」というわけではありません（単純に能力同士が比例するわけではありません）。同様に視覚情報処理能力が高ければ高いほどそれに比例して漢字をたくさん知っているというわけでもありません。むしろこれらの能力は、読み書きスキルを維持する上での基盤的能力の 1 つであると考えてください。つまり読み書き「スキル」と認知能力の関係性は $y=ax$ のような線形回帰（比例）の関係ではなく、基盤として「閾値」の関係にあるといえます。基盤となる認知能力が一定の閾値を下回ると途端に関連する読みや書きの苦手さが顕在化しやすくなると考えておくとよいでしょう。

　「1　実態理解」でも解説しましたが、特定の認知能力ばかりに注目してしまうと、時に検査によっていわゆる教科書に書かれているような純粋事例を選別し「原因に対して介入をしているのか、その人のもつ読むこと書くことの苦手さ（それによって生じる生活上の困難さ）に対して介入を企図しているのか？」と問いたくなるような本来の支援の目的を見失ってしまうような状況を呈しかねません。

　読み書き障害を引き起こす「認知機能の弱さ」は単独ではなく中核の要因のいくつかが閾値を下回り、かつそれ以外にも関連する認知機能との相対の上での結果としてディスレクシアやディスグラフィアの様相を呈すると考えられています。さらにディスレクシアやディスグラフィアと同じことばで表される事例であっても、その様相は言うまでもなく 2 人として同じ人は存在しません。それぞれ育ってきた環境や発達の経過、そ

51

の人が直面している環境、さらにどの程度読み書きスキルが求められるかも人によって異なります。学習障害だけでなくさまざまな子どもへの効果的な教育・支援では「発達の時間軸」を考慮しておく必要があります。

しかしながら、読み書き困難に対する介入は、読み書きスキルの機能障害に主眼をおいた医療的介入が多いのが現状であり「発達の時間軸」を考慮したものにはなっていません。昨今、特に日本語のディスレクシアでは「メタ言語的認識スキル」に焦点（音韻処理そのものの障害ではなく音韻処理能力を上手に使うことの問題）が当たりつつあります（Wydell, 2023）。このメタ言語的認識スキルを考える上では発達の時間軸は本来切っても切り離せないはずです。

ひらがな、カタカナ、漢字といった文字種のどこからどの程度影響を受けるのか、それぞれの読み書きの誤り傾向、重症度などの「困難さの特徴」は、それぞれの認知機能の弱さや程度を合併するかで決まります。また重症度はそれぞれの認知障害の程度や関連要因、環境要因との相互作用によって表すことができるといえます。音韻処理能力のような読みスキルの習得において、負荷の高い認知能力の選択的な低下は、他の要因に比して、直接的にパフォーマンスに影響を及ぼすことが想定できます。つまり、音韻処理能力や視覚情報処理能力、円滑に文字と音を変換する効率の呼称速度の読み書きスキルへの影響は、見たり聞いたりする意識のレベルでの感覚処理や注意機能や実行機能、眼球運動機能や大細胞系視知覚や聴覚情報処理能力といった基盤的認知機能を土台とし、（読んだり書いたりするものによっても影響の程度は異なりますが）意味処理能力や文脈を処理する力とも密接に（直接的に）関係します。つまり広くその人全体の読み書きの困り感の背景を幅広く考えて捉える視点が大事になります。

読み書き障害に関する研究の課題（注意点）についても触れておきたいと思います。公表されている研究成果は、読みのルールを獲得する時期である児童期を研究対象としたものがほとんどです。もちろん年齢が上がるに従ってさまざまな要因が絡むため、研究自体がやりにくくなるということも正直あります。また「発達期の障害を検討する上で児童期初期を中心とすることの何がいけないのか」とお考えになる方も一定数いるようです。ただ、教育支援を念頭に置いた場合、いくつか困ったことが起きます。なぜならばライフステージによって読み書きスキルに求められる役割が異なるからです。小学校と中学校、高校と読み書きの学習における役割が変わるということは、困難さの見え方も変わるわけです。

児童期前半においては読み書きスキルを獲得することそのものが学習として重要でし

第 3 章　「書き困難」とディスグラフィアの基礎知識

たが、児童期後半にかけて獲得した読み書きスキルを運用し新たな知識を得ることへとシフトし、学齢期後半に至っては自分の考えをまとめる手段として読み書きスキルを運用したり、高校生から大学生に至ってはさらに第三者を説得する手段の 1 つとして読み書きスキルを用いることが（読み書きスキルの）使用の中心となります。当然その時代時代に応じた読み書きスキルに影響を及ぼす個人因子も変わることは容易に想定できます。背筋を伸ばしてしっかり本を持って大きな声で音読が求められた時期から、黙読中心になり、さらに学習から離れた段階での読みではそれぞれの方略自体も変化していきます。

　筆者らが以前行った検討について少し解説します。狭い意味での学力を実際の学力テストの成績（この時は標準学力検査 NRT［Norm Referenced Test］を使用）とし、読み書きの正確性や流暢性、語彙力などがどのように影響を及ぼすか小学校の児童を対象に検討を行いました。低学年ではどれくらい正確に読めているか（読み正確性）が一番学力に影響を及ぼしており、学年が上がるに従ってどれくらい正確に書けているか（書き正確性）、どれくらい流暢に読めているか（読み流暢性）が大きく影響する結果になっていました。

　この結果には 2 通りの解釈が成り立つと思います。まず 1 つ目として、学力において「読み書きスキルの重要性が示唆されたこと」です。ただ、その一方であくまでこれは定点観測（一時点の評価）であり、原因と結果が逆になっている可能性もあります。つまり、2 つ目の解釈として「結果として日本の教育は読むことまたは書かせることに高い負荷をかけた教育である」という可能性です。学力を伸ばす上で書くことが重要なのか、そもそも書くことに負荷をかけた教育だからこのような結果を示しているのか判別がつかないわけです。

　どちらにしても書くことの苦手さを抱えた児童生徒にとって「書いて覚えること」を主要な学習方略としている今の日本の学校教育はとても生活しづらいものとなっていることは言うまでもありません。もちろん書いて覚えることが効果的な児童生徒もたくさんいます（もちろんこちらが多数派です）。書かせることがダメだと言っているのではなくて、言い換えれば書いて覚える子どももいればそれ以外の方法で学習を深めることもできる子どもも少なくありません。学習方法を選択できるような教育現場が実現できると、学力と読み書きスキルなど基礎的な学習スキルと学力との関係性はこれから大きく変化していく可能性があります。現に ICT 教育の進展により、学習における読み書きの役割は徐々に変化を見せてきています。

53

ライフステージだけでなく時代が変わればまたその時代による学習方法のトレンドが学習のつまずきの原因や背景、その実態に大きく影響を及ぼします。ICT 端末の利用が一般的となった今の学校教育において、今までは問題にならなかったタイピングの苦手な子どもたちも注目されるようになるかもしれません。「みんな同じ方法」にこだわることなく機器の使用方法や入力方法を自由にしておけば、その問題は極めて少なくなります。

　コロナ禍においてペーパーレス社会が進展していますが、その社会の変化に対応できない大人たちは「私はアナログ人間だから」などとつぶやく自由が許されていますが、小中学校で生活する子どもたちにはその自由は決して許されているわけではありません。学習のためのツールも学習方法も選択できる状況を作っておくということが、読み書きの苦手さの有無に関わらず学力増進においても極めて重要なファクターになると思います。

きれいな字を書く指導は学力に影響するのか？

　誤解がないように先に申し上げておきますと、「きれいな字を書くこと」が悪いわけではありません。誰しもきれいに書きたいと思うでしょうし、きれいな文字であることに越したことはありません。結論から申し上げますと誤解を生むのは「きれいに書けないからといって必ずしも学力が低い・問題がある」というわけではないということです。ただ、学校現場においては読みにくい文字で書かれた文章を書いた児童生徒は、教師から能力までも低く評価されたり、場合によっては学習動機そのものが低いと見なされたりする傾向があるのも事実です。これは本当にそのとおりなのでしょうか。

　小学校の先生を対象に行った質問紙調査の結果では実際に漢字を書く指導において、「とめはねはらいや送り仮名に気をつけさせている」「手本とそっくりに書くように指示している」「マス目から決してはみ出さないように指示している」といったものも上位に食い込んできます（高橋他，2015）。筆者も小学生のころ、字が汚くて読めない、とめはねはらいが間違っているといった理由で不正解とされてきた過去をもちます。この前提が、きれいな字を書けないことと書字行為が苦手なことを混同するといった誤解を生みます。実際に通級指導において、書字に対する特別な支援を必要とする児童の教員がもつ印象として「字の崩れ」といった報告もあります（大庭，2010）。つまり、字をきれいに書くことができない児童を見ると、この子は字を書くことが苦手なのではない

かと捉えやすい傾向にあるということです。これは事実とはいえません。

　この印象は発達障害特性の一部には当たっていますが、一部で大きく外れていることに注意が必要です。確かに、いわゆる発達性読み書き障害のうち、書き障害を示す児童では、慣れている文字より慣れていない文字、聴写より視写で形が崩れやすい傾向にあります。このことについては既に述べましたが、典型的であればあるほど、同じ音や似たような音の別の文字への誤りや、形が類似した文字への誤り、よく似た意味をもつ文字への誤りといったもので、直接「美しい文字を書く」とは関係するわけではありません。背景には、文字の形を思い出すことに苦労するために全体を意識して形を整えるところまで余裕がない結果、別の文字を誤って選択してしまい、結果としてバランスが崩れやすいということになります。

　また一方で、ADHD特性やASD特性をもっている子どもたちの書きの傾向として、枠からハミ出やすいといったものや、字体の崩れというものが報告されていますが、特性が効いているのか、二次的な要因なのか、これもさまざまな要因を統制するとどうなるかわかりません（恵他，2019）。

　つまり、きれいな字を書くことや書き順を守ること自体が指導の中心になってしまったり、優先されたりすることによって、自分の読み書きに関するメタ認知の低下や学習不全感の増大などいくつかの問題が生じます。また、「きれいかつ丁寧に書くこと」にこだわるあまり、さらにいくつかの迷信と誤解が存在するのも確かです。まず、文字は書き手の性格を表すわけではありません。昨今行われた研究では筆跡の美しさが読み手に対して書き手の好印象を喚起したり、高い学力をもっているのではないかという印象を与えたりするいったものもあります（犬飼・下村，2017）。ただし、これはあくまで印象にすぎません。筆跡の特徴と書き手のパーソナリティとの関連はほぼ否定されつつあります（塩田他，1998；松野，2012）。血液型と性格の関係に科学的根拠がないことと同じレベルといえます。昨今では「筆跡ステレオタイプ」*1 ということばも存在するようです。筆者らが行った書かれた文字の判別基準と学力の関係について、また書き順については第4章で解説します。

＊1　筆跡ステレオタイプとは、人々が特定の筆跡や手書きのスタイルから、書いた人の性格や特徴を推測する傾向のことを指します。この概念は、筆跡診断（グラフォロジー）の分野でよく見られる考え方であり、筆跡の形状、サイズ、圧力などの特徴から、その人の性格特性、感情状態、さらには職業的適性まで推測しようとするものです。

第 **4** 章

読み書き障害を行動から見出す
——インフォーマルアセスメントから

本章ではインフォーマルアセスメントに役立つように就学前の段階から児童期、さらに青年期それぞれでの読み書き困難の方の特徴について論じていきたいと思います。必要に応じて第2章、第3章を振り返りつつ読んでいただけると幸いです。

　また、どの時期（段階）でどのような形で「読み書き困難」が特徴や困難さとして現れてくるのか、典型発達との比較、読み書き困難の具体例も含めて理解を深めたいと思います。さらにその段階での環境を整える方向性や支援の手がかりの提案も加えて論じていきます。読み書き困難の特徴を知ることの目的は「（障害を）発見すること」ではなく、学習や学校適応全般を包括的に対象の実態を理解することにあります。前章で述べたとおり特定の状態像（読み書き）だけに注目しすぎることもあってはなりません。なお「インフォーマルアセスメント」ということばを初めて聞く方も多いかもしれません。実際に読み書きスキルにフォーカスを当てた評価でも、次章で述べる児童生徒の実態を把握するための一般的な定量的な検査（一番イメージしやすいのは知能検査などが該当します）と本章で述べるインフォーマルアセスメントとして「日常生活場面での困り感を現場で捉えること」の双方が必須になります。インフォーマルアセスメントは「標準化された、構造化された検査の枠組み」で知ることのできない実態を補完します。インフォーマルアセスメントは評価においてフォーマルなアセスメントと「車の両輪」の関係にあると考えてください。この車の両輪が円滑に機能することによって初めて「読み書きスキルの検査の点数が下がっているから『障害だ』『支援だ』」といった短絡的な目先の支援から「本人の学習状況を本人の希望に基づいて向上させていく1つの手段として読み書きスキルにアプローチする」といった「将来のなりたい自分」に向けた支援が可能となります。

　繰り返しになりますが、教育や支援を前提とする評価において、読み書きスキルの介入は、あくまでそれ自体がゴールではなく目的達成のための手段にすぎません。

実態把握とアセスメントの考え方

　教育や支援介入を前提とした評価（アセスメント）のあるべき姿について先に考え方を示しておきたいと思います。**図 4-1** は本郷一夫先生（東北大学大学院教育学研究科名誉教授）がよくお話しされていた評価の在り方を一部筆者が加筆したものです（川﨑, 2020）。仮に評価の在り方（評価の組み方）をこの4分類に従うと上の階層がより望ましいと考えてください。

第 4 章 読み書き障害を行動から見出す——インフォーマルアセスメントから

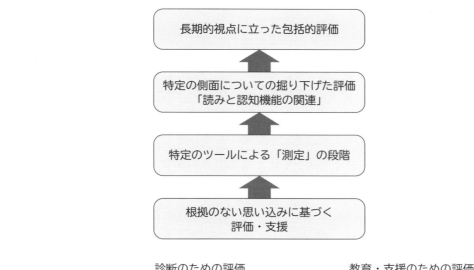

図 4-1　診断を目的とした評価と教育支援のための評価（川﨑，2020 著者一部改変）

（1）第 1 階層「根拠のない思い込みに基づく評価・支援」

　例えば「私の施設では……私の学校では……私の方針ではこういうやり方をしています」という自分の経験に基づいた方法論を一方的に押し付けるのが第 1 階層の「根拠のない思い込みに基づく評価・支援」となります。特に注意が必要なのは方法論の効果検証が十分に行われない、またその必要性を感じていない評価プロトコルには注意が必要です。誤解がないように申し上げると、ある事例に対してうまくいったことは、決して経験そのものを否定するものではありません。個々の事例での支援介入の経験は成功・失敗共に大きな示唆を我々に与えてくれます。しかしながら、人・状況・時代は一人ひとり全く異なります。状況が異なっても同じ結果が得られる根拠はないわけです。成功・失敗ともに分析を伴わない恣意的な経験の積み重ねは、時に誤った因果関係を導き出す可能性があります。1 人の対象から得た結果を過剰に「誰にでも当てはまる」と判断してしまうような事故が起きかねません。実は介入がうまくいった時こそなぜうまくいったのかを詳細に分析する必要があります。評価にはその分析も含まれます（決し

59

て研究に限ったことではありません）。

　こういった分析をおろそかにしたり、そもそも困難さの背景を踏まえた支援の意識が薄かったりする場合、（自分の道を信じて疑わない）支援者は自分自身の手続きを振り返ることができません。そこで時に「本人の努力」や「やる気」の問題へ責任転嫁される不幸な事件が起きてしまうわけです。「自分の介入方法には限界がある」と常に意識していないと、自分自身の考えや見立てで説明がつかない子どもの実態に対してその子どもから新たな障害を探すといったようなことも起きかねません。これは本当に生産的ではありません。実は指導や介入において「うまくいかないという状況」は、我々に多くの示唆を与えてくれます。「（支援介入がうまくいかない時に）どれだけ数多くの要因を頭の中に想定できるか」、これは支援者として大切な資質の１つといって過言ではありません。第１階層の評価の場合、本人や保護者との共通理解も作り難いといえます。

（2）第２階層「特定のツールや特定の支援法に偏った（依存した）評価の段階」

　第１階層の特徴が特定の個人や集団の経験や主観に依存する段階とすると、第２階層は特定のツールや特定の支援方法に依存した段階といえます。インフォーマルなアセスメントは主観的ではありません（そもそも主観のみに基づいた行動観察はインフォーマルなアセスメントではありません）が、１つの行動も解釈する人によって（その人のスキルや経験や立場によって）見立て（なぜそうしたのか）が変わる場合があります。また、子ども同士の比較が難しいのも事実です。そのため特定の人の経験に左右されることなく、誰が見ても（支援者が変わっても）今の状態に関する共通理解を得るためには「行動の数量化（数字で示す）」や複数人での見立ての擦り合わせが必要になるわけです。

　行動観察も特定の行動にターゲットを当てて生起回数をカウントすることも、結果を基に状態像に関する共通理解を得ることが１つの目的です。また、行動の生起回数（例えば、正しく読めた［あるいは間違えた］文字の数）を数えるのは労力がかかります（もちろんそのためにサンプリング法があるわけです）。そこで複数の場面、複数の評価者での比較が出てくるわけです。標準化された検査であれば、いわゆる「一定の品質保証」がなされているわけであり、短い時間で実施可能であり、出てきた結果も対象の実態を把握する上で、ある程度の客観性を有していると判断することができます。それならばインフォーマルアセスメントは抜いて、「その検査を行えば評価は何も心配する必要がないじゃないか」と思われるかもしれません。しかしこの段階にも大きな懸念が残りま

す。

　まず標準化されたとはいえ、特定の検査が図ろうとしているものの全てを把握することは不可能だからです。例えば知能検査を例にとって説明してみましょう。日本国内での代表的な知能検査には大きく分けて2つのタイプがあります。1つはウエクスラー系の知能検査であり、もう1つは田中ビネーに代表されるビネー系の知能検査です。これらはどちらも標準化された知能検査ですが、そもそもIQの算出方法から異なりますし、結果が全く一致することはありません（おおむねウエクスラー系の知能検査とビネー系の知能検査の相関は0.8程度といわれています）。もちろん同じ知能検査なので一定の相関はするわけですが全く同じとはなりません。少し乱暴な操作をすれば2つの知能検査の間で共通して見ているもの（背景にあるもの）は60〜70％程度となります。つまり30〜40％はそれぞれ「別のものを見ている可能性」があるわけです。

　なぜこういうことが起きるのかといえば、「知能」自体が血液や身長体重と異なり、取り出して実際に可視化することができないものです（こういったものを構成概念と心理学で呼びます）。ですから「それぞれの検査で測ろうとしている『知能』はこういうものだ！」とそれぞれ検査ごとにまず知能を操作的に定義して、その考え方に基づいて検査を作っているわけです（実は知能検査の数だけ知能の定義があります）。つまり同じ標準化された知能検査といっても、図っているものが少しずつ違うのです。

　読み書きのスキルも同じです。「読み書きスキルの到達度」という構成概念を評価する検査でも扱う文字が違います（全ての文字種・文字を書いて読んでもらうわけにはもちろんいきません）し、見ている側面の重みづけが異なります。正確性に重きを置いたものもありますし、流暢性のみの評価で正確性はそこから推論するものもあります。つまり、検査Aでは重みづけが高くても検査Bでは重みづけが低い要素が必ず存在するため、検査によって「問題あり」「問題なし」が結果として分かれることもあります。特に読み書きの到達度を測定する検査では、検査が変わればある検査には含まれていても別の検査の評価には全く含まれない側面が存在します。筆者らの検討でも学力低下とあまり関連が薄い検査も存在します。

　また到達度を評価する検査においては、検査自体が「学習の困り感」の原因（背景）でもあり、時に結果（学習の困り感そのもの）でもあることを想定しておかないといけません。小学校低学年で読み書きの正確性や流暢性はそれ自体を高めることが学習の目的そのもの（つまり結果）になりますが、年齢が上がっていくと読み書きは学習を成立させる手段になります。つまり同じスキルの弱さがあってもライフステージによってそ

61

の弱さが意味するところはさまざまです。ライフステージを「発達の時間軸」として支援の縦軸とすると、その子どもを取り囲む環境や支援ニーズは横軸であり、程度と実態が近しい子どもであっても読み書きスキルが学習全般に与える影響は当然、一人ひとり異なります。

　つまり、支援目標が異なればそれに向けて介入しようとしているポイントや測ろうとしているものが同じ（例えば読み書き）であっても、選択する検査を変えた方がよい場合、また変えないといけない場合もあります。例えば「生活言語として読み書きスキルをもう少し伸ばしておくと本人の生活に資する」と考えて読み書き到達度を評価する場合と、「学習言語として、また思考の手段として読み書きスキルを機能させる必然性がある」と考えた場合ではゴールも異なりますし、選択する検査は異なります。さらに、検査や指導法には適用と限界が必ずあることも言うまでもありません。評価者は検査の特性を踏まえて実施する前にその検査の意味や意義、そして支援や介入目的と結果が示す限界については、対象の児童生徒や養育者に理解を求めた上で実施することが望まれます。

　既に特定の検査や評価法「だけ」に依存することの懸念（危険性）は述べましたが、第2階層の懸念をまとめておきたいと思います。特定の検査や特定の手法に依存し、その対象の実態把握、介入、そして効果の測定を全て1つの検査や手法で行ってしまうと、①本来評価すべき点が見過ごされる懸念（評価の妥当性が損なわれる懸念）、②そもそも教育や支援介入の目的自体が特定の検査の数字を上げることに支援者が意識しないうちに置き換わってしまう本末転倒な不可思議な事態が生じてしまうこと（介入自体の妥当性が損なわれる懸念）、にあります。介入の目的が「単に検査の点数を上げるため」になってしまっては何の意味もありません。

（3）第3階層「特定の側面についての掘り下げた評価『読みと認知機能の関連』」と第4階層「長期的視点に立った包括的評価」の相違点

　ターゲットとしたスキルや能力について実態把握だけでなく、背景要因についても客観的指標をもって掘り下げる努力を行っている評価の段階が第3階層です。第5章でも解説しますが、例えば病院や医療機関などで行われるような「乖離診断モデル」での評価がこの段階に相当します（ただし医療機関ではインフォーマルアセスメントに限界があります）。例えば診断を目的とした場合など、指向性の高い評価場面では第3階層の評

第 4 章　読み書き障害を行動から見出す──インフォーマルアセスメントから

価プロトコルになることが多いといえます。病院でリハビリテーション実施計画書が策定され、特定のスキルへの介入が既に決定している場合、評価手続きは第 3 階層になります。

　例を挙げてみると「小学校 1 年生で読み書きの困難さを呈していて、知的発達には問題がないことを標準化された知能検査によって確認し、その後言語発達について語彙力と統語面の発達に関して言語発達検査を実施します。当該年齢と著しい差がないことを確認した上で、読み書きの到達度を特異的発達障害診断・治療のための実践ガイドラインの検査課題や STRAW-R などによって確認します。読み書きスキルの実態を把握した上で、その読み書きスキルと他の言語機能との発達の乖離を検証するために（読み困難の認知障害の要因となりうる）音韻処理能力について課題を実施します」といったものです。つまり、いわゆるディスレクシアに対する認知神経心理学的アプローチそのものがここに含まれるわけですが、なぜこれが第 4 階層にならないのか、また第 4 階層との違いはいったい何処にあるのかを説明しておきたいと思います。

　第 3 階層と第 4 階層の違いの 1 つは目標や目的、介入を行う状況の違いによって生じるものです。例を挙げると「今まで起きたこと（過去）を掘り下げ、診断を目的とした評価」・「特定のスキルといったターゲットが決まっている前提での評価」と「未来へ向けた教育支援介入のための評価」の違いという観点です。言い換えれば目標そのものの妥当性を検証する必要がある場合、第 3 階層では不十分ともいえます。前者の場合、医師の指示に基づいて既に介入すべきスキルについても焦点化されているわけです。この場合スキルに対する介入が目的となります。適切な介入には診断評価も必要ですし、その状態像の背景となる要因を読み解くことに主眼が置かれます。その目的を達成するための手段は乖離に基づいて帰納的な思考に基づいた考察が必要となります。

　一方で後者の場合、キャリア教育的観点で目標自体を設定する必要があり、「1 年後2 年後の将来の対象のあるべき姿」を模索し（それを目標として）その目標に向けて今何をすべきかを決める必要があります。未来へ向けた教育支援介入では、「みんなできているんだから君もできるのが当たり前！」といった考えや典型発達に追いつくことが目的とは絶対になりません。つまり、教育・支援における評価の大事な役割の 1 つに「誰もが納得するその子どもにとっての目標の設定」（「それができると、その子どもの生活がどう拡大するか？」といったイメージや実現可能性を含む）が含まれる必要がありますし、その中には介入の順序（どこから手を付けるか）の妥当性も担保される必要があります。結果に対する影響が大きくてもゲノムや大脳の機能的ネットワークは、当たり前

63

ですが一朝一夕に変えることはできません。短絡的に「弱い認知機能を鍛えよう」ともなりません。特性の背景や診断において重要な情報と目の前の生活をどう変化させるかの視点は異なるわけです。

　もう1点加えますと、第3階層と第4階層の相違点には介入時期の違いが挙げられます。第3階層の介入時期は、実際に困り感が生じた後つまり証拠が出現した後となります。そこから後ろ向き、つまり過去にさかのぼって実態を把握するため背景要因を探る必要があります。その一方で教育のための評価は、そもそも疾患に対するアプローチではないので、何らかの困り感が生じる前から介入することが可能となります。わかりやすく例えると「明日風邪をひきそうだから今日から薬をください」は診断を前提とした医療的介入では原則できませんが（もちろん「予防医学」という考え方もありますが、これもマイナスを生じないため）、教育的介入ではマイナスもプラスも関係なく1年後のなりたい自分に向けた未来に向けた介入が可能であり、これが一番大きな利点でもあるといえます。つまり第4階層の一番大事なポイントは、対象に関わる全ての人が共有可能な目標を設定することであり、そこが評価に含まれる点にあります。昨今の学習障害の介入では第3階層にとどまるものが多い印象にあります。「なぜ読み書き障害に介入するのか？」に対して「読み書き障害の放置が学習全般に影響するから」と言いつつ、その子の目指す学習の理想を見る目をもっていないのは大きな問題といえます。

（4）評価に関する誤解——よくあるバラバラ事件

　最後に「評価の誤解」について解説しておきます。教育や支援を前提としたアセスメント（評価）は一定の方向性と計画性をもった対象を客観的に捉えるための臨床像の構築です。単なる検査結果の寄せ集めがそのまま評価になるわけではありません。有用な検査であっても、いくら時間をかけたとしても、いくら関わる人が多くても全員が同じ方向（目的）を向かないと意味がありません。船に例えるといくら材料が素晴らしくても、いくら建造にお金や時間をかけても、いくら船の規模が大きくても、そりが合わない木材で作った船はすぐに浸水してバラバラになります。教育・支援介入のための評価において「バラバラ事件」を起こしてはいけません。

2 読み書きの苦手さをもつ児童の特徴と発達との対応（ライフステージ別）

（1）年少から年中——萌芽的リテラシーの時期

　小学校に入った後で読み書きの苦手さを示す子どもたちも、この段階では明らかな困難さを予見することはなかなか難しいです。そのため「（幼児期初期の言語発達に）特に問題なかったし、言うこともよく理解できていたし、特に困った行動もなかったし……」となり、その後の読み書き困難の早期発見の妨げにもなります。「大人の言うことが理解できていた」は、あくまで聞いて理解する力が、その子どもの年齢集団から明らかに落ちているエピソードが見られなかった（聞いて理解する力は保たれていた）だけであり、「読み書き障害がない（であるはずがない）」にはつながりません。読み書きの困難さだけを示す場合、聞いて理解する力は保たれているのが一般的です。

　「特に困った行動（大人を困らせる）もなかったし」というエピソードもディスレクシアやディスグラフィア以外の発達障害特性が目立たない（観察されなかった）ということにすぎません。つまりどちらも読み書きスキルとは別のベクトルで考えておく必要があります。もちろん、知的発達に課題を抱えれば、言語発達は知的発達相応に課題を抱えますし、聞いて理解する力に課題を抱えれば、書きことばの理解も相応にゆっくりとなります。コミュニケーションスキルの発達とことばの発達を俯瞰的に捉えて、その中で「『読み書き』どうかな？」と位置付けて実態を捉える必要があります。これは全ての段階に通じることです。

　では、将来読み書き困難の傾向を示す児童生徒のこの時期を振り返るとどうだったのかというと実は全く特徴がないわけではありません。まず、ことばの発達から捉えてみましょう。丁度この時期は獲得語彙数が大幅に増え、いわゆる語順構造の理解も始まります。指示理解もうまくできるようになり、多語文でのやりとりもできるようになる段階です。このように、この時期は子どものことばの意味の広がりや語用（ことばの運用）が目に見えて上手になったと大人が実感できる時期ともいえます。それにもかかわらず、「文字への興味関心が薄い」といったエピソードがよく聞かれます。聞いて理解する力がどんどん育ちつつある中で「書きことば」の理解との乖離が興味関心のなさとして周囲に認知されることがありそうです。

　この段階で書きことばの理解は、ロゴ的な理解（キャラクターのシンボルを理解する段

階）から、「どうも書かれた文字列には特定の意味があるらしい」と特定の文字列になんとなく意味や音を対応させる時期に該当します。興味があるから子どもは刺激に注目し、注目することで対象を分析する力も育ちます。分析して規則がわかればさらに注目が上がります。書きことばの理解に関して良い循環が生まれるわけです。

結果として読み書き困難のうち、ディスレクシアをはじめとして文字と音との対応関係の規則の獲得に困難さがある児童生徒の場合、それがこの循環を作る上で大きな障壁になります。なぜなら、よくわからないものには誰も注目しませんし、頑張らないと理解できないものはやはり楽しくありません。そこで「良かれと思って」周囲が楽しさそっちのけで文字を読む活動をどんどん進めると「嫌だなあ……」という気持ちも湧いてきます。楽しくないとなると、ますます文字を読む経験から遠ざかります。

つまり、この時期に一番大切なことは、まず「文字を嫌いにさせないこと」にほかなりません。文字を見ることは「楽しい」という環境を作りましょう。生活の中で「仕掛け」を（むしろ積極的に）作ることも効果的です。これは無理やり文字を読ませるのではなく、シンボリック（要はロゴ的）な理解でよいので、生活の道しるべとして活用します。例えば保育園の年中クラスであれば、1日の活動のスケジュールはその集団の全員がわかるように写真やシンボルで示されていると思いますが、その横に文字を添えておいて少し同じ意味をもった記号だよということを意識させる程度でよいのです（文字だけで示すのは避けたほうがよいでしょう）。

また、この時期に（苦手な子どもに）無理やり読ませることはよくないと述べましたが、絵本を読んでいる時に本人が喜んで指差ししつつ読んでいるものはそのままでかまいません。子どもの主体的な遊び（活動）を阻害しないことが重要です。楽しく絵本を読んでいる時に、いちいち止めて指差しさせて1つずつ音読させようとするといったことはやめておきましょう。なんとなく文字を意識して読んでいたら子どもと一緒に楽しい経験として積み重ねるのがコツです。なお、この時期ではまだ発音（おしゃべりの部分）も完成していません。サ行の音やラ行の音はこの年ではまだまだ難しいのが一般的です。「半分の子どもができているからうちの子どもも」と焦って読ませたり、発音させたりするのは正直お勧めしませんし、「『さかな』が『たかな』」になる機能性構音障害の場合も繰り返し言わせるのは逆効果です。

1）この段階でのことばの発達を包括的に捉える

読み書きの困難さの実態を客観的に捉えるためには、書きことばだけでなく話しこと

第 4 章　読み書き障害を行動から見出す──インフォーマルアセスメントから

ばの発達や他の認知的側面との均衡（バランス）を把握する必要があります。この段階の言語、コミュニケーション、（一部関連する）認知の発達について示しておきます。インフォーマルアセスメント、フォーマルアセスメントの参考に役立ててください。

　萌芽的リテラシーの段階は、前述のとおり生活年齢でおおむね 3 ～ 5 歳（萌芽的リテラシーの定義によって若干変わります）を指します。まず話しことばの理解の段階を語彙と統語発達（文の理解）の観点から述べていきます。

　まず、語彙について、いわゆる典型発達を示す子どもの言語発達の傾向は 2 歳半ぐらいから大小や色名の抽象語の理解が可能となり、2 歳後半ころには色名 4 種の理解と表出が可能となっています（60 ％通過率）。1 歳半の段階での理解語彙がおよそ 50 程度といわれていますが、3 歳ころには理解語彙の数が 1,000 近くになっているという報告もあります。つまり萌芽的リテラシーの段階を迎える前に、一気に理解語彙の拡大が生じていることがわかります。

　幼児期初期における単語の獲得には、経験を通じて話しことば（記号）とその対象との関係性を理解する必要があります。つまり話しことばのもつ意味に気が付く、併せて「事物には名前がある（結びついた記号がある）」「動作にも名前がある（結びついた記号がある）」といった記号の結びつきを学習した結果といえます。つまり「萌芽的リテラシー」の特徴である「どうも書かれたもの（シンボルや文字の塊）にも話しことばと同じ意味があるようだ」という気付きを高める時期は、（音声）記号と意味の結びつきの高まりを基盤としていることがうかがえます。

　次に文の理解の段階を見てみましょう。おおよそ 2 歳ころになると二語文を表出する子どもが一気に増えます。ちなみに話しことばの発達も「理解＞表出」ですので、そのころには既に二語文の理解が可能となっているわけです。言い換えれば表出面においては 2 つ以上ことばを並べることによって、より詳細に状況を相手に伝えることができます。そして理解面においては「2 つのことばの双方の意味を満たすものを指している」という文のルールが習得される段階であり、2 歳半ころには同様の文の理解方略を用いて三語文の理解も可能となっています。つまり、ことばの発達のバランスの観点からは文字に興味をもちだすころには前提として語彙や文の理解においてこの段階を満たしていると判断できます。

　文の理解に関しては 4 歳ころまでは一つひとつのことばの意味に依存をして文を読み解く段階であることが明らかになっています。話しことばと書きことばの双方の発達をまとめると「記号のもつ意味を獲得し頭の中のことばの辞書（知識）を一気に拡大さ

67

せる時期」ともいえるのではないでしょうか。ことばの運用的側面はまだまだ状況を羅列的に言語化するといったような状態で、自分の考えや過去にあった状況を整理して述べる、またことばを使って自分の思考や行動を整える（企画し調整する）といった働きはまだまだ未成熟な段階にあります。感情面については一次的感情だけでなく、恥じらいや誇らしさ、気まずさ、共感の基礎といった二次的感情（自己意識的感情）が既に学習（2歳ころ）（本郷，2007）されていますが、相手の感情の細かな区別や自分の感情の認識や表出方法はまだまだ未熟な段階です。自分や他者の感情的なラベリングや感情の出し方を幼児期で成長させていく段階にあります。感情表出の部分には言語発達も大いに相互に影響を及ぼします。

2）この時期にやるべきことや家庭や集団での支援の方向性

マルトリートメント的な観点については既に述べたので、生活の中での配慮について述べていきたいと思います。前項のことばの発達で述べたとおり、この段階は「記号のもつ意味を獲得し頭の中のことばの辞書（知識）を一気に拡大させる時期」に該当しますので、まずは知っているものを1つでも多く、楽しく増やしていくことが肝要です。

苦手さや障害を見つけるための関わりではなく、生活の中で「ことばのもっている意味に気付かせる」経験を積み重ねることであり、1つでも多くことばのもっている意味に気付くには「ことばに注目すると自分にとってこんなメリットがあるのか」という仕掛けを本人が実感できるように生活の中で作っていくことになります。そして話しことばと同様に書きことばについても、①本人がよく知っている、②本人の興味関心が高い、③生活の中で本人が見るべき必然性があるといった場面を生活に落とし込んで、その経験から1つずつ「あっ、書かれた文字の塊やシンボルにも意味があるんだ」と文字への気付きと関心を底上げしていくことが望まれます。

繰り返しになりますが、興味のないものには本人は関心を示しませんし、知らないものにはそもそも注意が向きません。逆に生活の中で見る必要があるものその中に文字が合わせて提示されていると、結果として注目する割合が増えることになります。時に、読み書き困難以外の言語発達障害の場合では、文字の理解を優先し文字の意味を手がかりとして音声記号の獲得を促すこともあります。

（2）年中から小学校入学前後
──文字と音との基本的なルールを獲得する時期

　5歳を過ぎて、いわゆる年中児童の中盤に差し掛かると「かな文字が読める」子どもが一気に増えます。ちょうどこの時期にかな文字と音の対応関係（そのルール）が成立する時期にあたります。前段階を土台にして「あ、『りんご』の『り』と『りす』の『り』は同じ音？」と、一気に気付きが上がっていく段階です。いわゆる「ディスレクシア」の中核症状が文字から音へと変換するプロセス（デコーディング）の問題であるため、ディスレクシアの症状を示す児童は圧倒的にこの時期にとどまる期間が長くなることが明らかになっています（川﨑，2022）。

　第2章でも触れましたがFrith（1985）の単語の読みの発達のスリーステップモデルでは、アルファベットの段階としています。スリーステップモデルに一部発達心理学的観点を加筆したものを示しておきます（図4-2）。このアルファベットの段階は、小学校入学前後までの基本的な文字と音の対応関係を習得する時期と、それ以降の基本的なルールを基に特殊なルール（長音など）を学習する時期に分かれます。この文字と音との基本的なルールを獲得する時期（年中から小学校入学前後まで）はアルファベットの段階の前半に該当します。

　先ほど、「典型的なディスレクシアの児童はアルファベットの段階に長くとどまる」と述べましたが、この前半の段階ではまだ「個人差ではないか？」と見逃される傾向にあります。言い換えれば、この時期に読み書きの困難さとその特性を見出すことができ

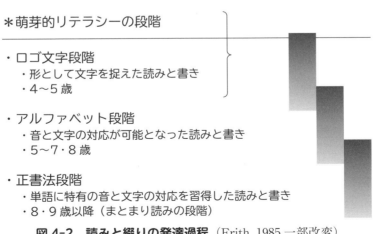

図4-2　読みと綴りの発達過程（Frith, 1985 一部改変）

れば、さまざまな対策を立てることも可能であり、早期発見、早期介入の大きな一助となります。ただ、この時期の誤った対応（中途半端な対応）で本人の特性に合致しない学習方法で文字を学ぶことそのものを嫌いにさせてしまっては、その後の学習に大きな影を落としかねません。その点にも留意が必要です。

この時期の読み書きの苦手さの特徴を見極める上で、まず注意点を解説します。①話しことばの理解やコミュニケーションレベルが高いからといって必ずしも「読み書きは大丈夫」とはならないこと、②自分の名前やよく知っているキャラクターの文字が読めている（指しているものがわかる）からといって必ずしも「読み書きはできている」とはならないこと、③話しことばと同じように視力と書く力は別であり、眼鏡をかけているから即読み書きが苦手ともなりませんし、こういった問題がないから読み書きはできるとはならないことです。この①〜③の誤解の結果「やらないのは本人の興味がない」「経験が単に足りないから」「できないのは本人の努力不足」といった偏見を生みかねません。「ゲームや動画の見過ぎで文字を覚えない（だから文字に興味を示さない）」に至っては根拠のない偏見です。

一人ひとりの実態を捉えていく際には、その子どもの全体像から各機能的側面、また逆に各機能的側面の発達から全体像の双方向性を意識した評価が必要になります。また、その子どもが生活している時代や文化に合わせた到達度の「目安」との比較も重要です。子どもの発達課題の到達度には昨今のコロナに代表されるように環境変化も大きな影響を及ぼしていることが明らかになっています。「みんな違ってみんないい」ですが、その集団から明らかに目立って到達度に違いが見て取れる場合は、それを放置せず、必ず理由がありますので背景を探りましょう。その背景には個人の能力やその子どもを取り巻く環境だけでなく、時代も大きな影響を与えます。つまり10年前の5歳と今の5歳は同列では比べられません。

いわゆる発達課題と呼ばれるものは、（前述したように）あくまで一般的には60％程度の通過率を指示したものが多く、読み書きに関しては小学校入学前に、ひらがな直音（清音・濁音・半濁音）に関しては1文字の読みはほぼ完成します（**図4-3**）。こちらは他の発達課題と異なり90％の正答率を示しています。60％程度の子どもができる、60％程度の正答率を示す課題と、90％程度ができている、90％以上の正答率を示すのが平均的である課題と扱いは同じではありません（**図4-4**）。到達度の違いによって扱い（判断）が全く異なります。

つまり、小学校入学の前に、ランダムに抽出したひらがな（直音）1文字の読みを促

第 4 章 読み書き障害を行動から見出す――インフォーマルアセスメントから

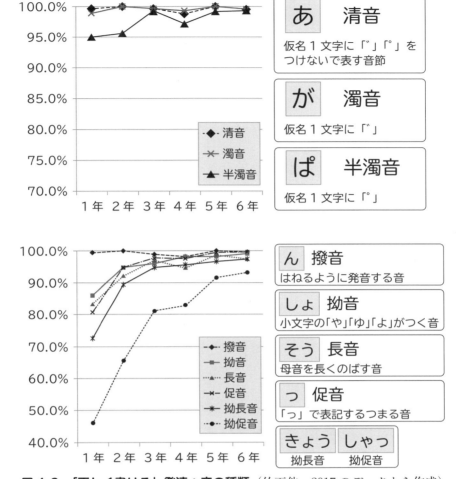

図 4-3 「正しく書ける」発達：音の種類（竹下他，2017 のデータから作成）

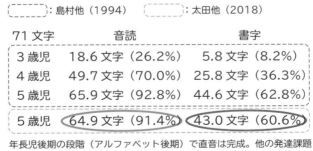

年長児後期の段階（アルファベット後期）で直音は完成。他の発達課題（60-70％）と異なり 90％ 以上の通過率。

＊拗音を除く、71 文字中の平均文字数
＊書字は筆順の正誤は評価せず

図 4-4 「正確に読む書く」：就学前（島村他，1994・太田他，2018 を参考に作成）

したところ「5つのうち3つは正解した」であった場合、注目すべき点は3つ正解した というところでなく2つ間違った理由（何か理由があるはず）を考えていかないといけません。もちろん（課題が）できないからといってすぐディスレクシアである、あるいは学習障害であるというわけではありません。ただ、1年後の学校での学習を楽しいものにするためには、明らかに読みの到達度はゆっくりしており、「少なくとも読みは苦手の状態である」と周囲の大人が認識し、温かくかつ注意深く見守っていく必要があると考えておく必要があります。第3章でも述べたように読みの苦手さの背景は単にディスレクシアだけではありません。この苦手さを見過ごす（放置する）ことは、小学校入学後の学習を楽しむ上での障壁となるだけでなく、学習に対する自信の喪失につながりかねません。その一方で、何とか読ませようと特性に合致しない形でテキストトレーニングを積むことも失敗経験ばかりを積み重ねてしまうことになり、（前述したとおり）自己効力感の低下につながりかねません。まず、この読みスキルの発達の実態を頭に入れておきましょう。

　特にメタ認知の育った（自分自身の気付きが高い）子どもでは、なんとなく自分の苦手意識に気付きだして文字を扱った活動を避ける傾向も出てくることがあることは有名です。小学校1〜2年生までで成熟するこの段階ですが、「習得の完成と自動化（次項参照）に時間がかかるため結果としてこの時期が長くなること」が特徴といえます。

1）この段階でのことばの発達を包括的に捉える

　この段階は基本的な1つの文字と1つの音との対応関係の習得の時期と説明しましたが、この習得に先立って遊び場面で認められるのがことば遊びの進化です。例えば「たいこ」を例にとると、最初が「た」、最後が「こ」と頭の中で音を分解することができるようになり、しりとりができるようになるのもこの時期です。このようなことば遊びでの反応の質的変化から音韻処理能力の発達を推察することができます。

　前節と同様に5歳から就学ころまでの「文字と音との基本的なルールを獲得する時期」の書きことば以外の言語の発達の側面について述べていきます。まず理解語彙の数についてですが、全段階では生活年齢3歳で1,000程度の理解語彙があると述べました。就学ころには5,000〜10,000語に到達するといった報告があります。一見すると幅が広いように感じますが、これらは全て典型発達児童を対象としたものです。つまり、就学ころまでの理解語彙の数は典型発達においても（語彙に課題を抱える児童を除いても）、個人差が大きいことが明らかになっています。コミュニケーションの発

第 4 章　読み書き障害を行動から見出す──インフォーマルアセスメントから

達の観点に立つと「たくさんことばを知っている」という側面と「上手にことばを使うことができる」という側面は別の要因が働いているといえます。

　つまり頭の中に蓄積した語彙の辞書が小さくても、ことばの運用が上手な子どもは結果としてコミュニケーション上の問題が生じないわけですし、逆に頭の中で辞書が大きく育っていたとしても、実際のことばの運用面に困難さを抱える場合は、人とのやりとり（社会的コミュニケーション）に困難さを引き起こすわけです。昨今の国語科教育において「語彙力を伸ばす」が大きな課題として取り上げられています。この「語彙力」ということばについてこの段階で少し説明を加えておきます。一般的に語彙力とされるものは、どれくらい多くのことばを知っているかといった理解語彙の数を指標とすることが多いです。既存の語彙力に関する検査についても多くのものがこの理解語彙の数的な側面を評価しています。仮に辞書に例えると理解語彙の数は辞書に収蔵されたことばの数に該当するわけです。実は語彙力にはこれ以外の側面があります。

　まず、一つひとつのことばにどれだけ意味が結びついているかという意味の広がりの部分です。この部分までは既存の語彙検査の中にも反映されています。辞書の中に収蔵されていることばの数がそれほど大きく変わらなくても、一つひとつのことばに対してどれだけ意味や凡例が結びついて（掲載されて）いるかによって辞書の厚みは大きく変わります。これを「語彙の意味ネットワークの側面」と我々は呼んでいます。

　さらに、もう 1 つ大事な側面があります。これが「辞書を引く速さ」に相当する部分になります。大きな辞書になればなるほど、辞書を引く時間がかかります。一般的に辞書はインデックスが打ってあり、引きやすさに配慮されています。それだけでなくことばを検索した後、必要な情報に少しでも早く効率的にたどり着くことができるように表記の方法や順序は統一されています。

　実際に数多くの理解語彙を獲得できていたとしても、頭の中で整理されていない状況であったり、整理の方法が独特であったりすれば、前者であればことばの意味にたどり着くまでに時間がかかってしまうため、もっている語彙力を実際のコミュニケーションや学習面に十分に活用できない状況が生じます。後者であれば、状況や場面カテゴリーによる偏りが生じているように観察上見えるわけです。

　この第 2 段階においては特に意味のネットワーク（語彙の意味ネットワークの側面）も大事にしていきたいところです。実は十分に整理されたネットワークは新たな語彙学習の促進につながります。クローゼットに乱雑に服を放り込んでしまうと本来かけられるはずの服もかかりません。第 2 段階以降、特に第 3 段階においてはその部分（意味

73

のネットワークと速度）が重要になる場合があります。

　1点だけ語彙の面に関して注意しておく必要があります。語彙を獲得する力とコミュニケーションをとる力は別に考えておく必要があると述べました。実は、コミュニケーション能力には問題が認められないが、ことばの意味を読み解く力に（選択的に）課題を抱える児童生徒が存在することに留意が必要です。ASD では、言語非言語双方の意味理解の障害を結果として抱えますが、このいわば「ことばの意味理解」に、苦手さを選択的に抱える児童生徒は、人の表情や状況を察知する能力は決して弱くありません。そのために「やりとりが上手にできる・問題ないから（大丈夫）」といった理由で見逃されやすい傾向にあります。

　第2段階である保育園や幼稚園の年中や年長のころから、先生のことばの指示に一歩遅れて対応する、周りの子どもたちの状況を見ながら行動しているといった特徴が見受けられる子どもがいます。こういった子どもたちは教育界における学習障害の1つとして「聞く話す」の困難さを示す児童へと移項する可能性があると考えられています（医学診断名は SLD とは別の名称になります）。

　次に文の理解（統語発達）の段階について述べたいと思います。前段階ではことばの意味に着目して並列で文を構成（あるいはことばの意味を文の理解の手がかりとする）していました。1つの音と1つの文字の対応関係が理解できるようになる年中児のころになると、初期の統語構造の理解が始まります。単なることばの並列で文を構成するのではなく、「最初に出てきた単語が主語である」といった、「ことばの順番」で文を構成したり、文を理解する上での手がかりにしたりする段階に到達します。専門的な用語で語順構造の理解といいます。

　また、文を組み立てたり理解をする時の手がかり方略であったりもしますので、「方略」ということばを使った「統語方略（語順）」という用語もあります。語彙数もさらに増加し、自分自身の興味関心も増大しその結果、活動の幅も一気に拡大します。ことばの順序に気付くことができるということは、動作（述語）が及ぼす「向き」を含めて言語化できるようになるということです。この段階に至るとあくまで一人称視点になりますが、自分の行動を組み立てていく手段として言語も上手に使うことができるようになってくる時期に該当します。

2）この時期にやるべきことや支援の方向性

　基本的な1つの文字と1つの音の変換ルールを獲得し定着させていく段階ですの

第 4 章 読み書き障害を行動から見出す——インフォーマルアセスメントから

で、避けるべき点は「段階を超えた負荷をかけないこと」につきます。読みスキルがまだまだ不十分であるにも関わらずたくさん書かせる、本人の興味関心と離れたところで文字の学習を先行させるといった類の行動はできるだけ避けたいところです。逆に家庭においてぜひ行っておきたいことは「文字に触れる活動を楽しむ」「文字に親しむ」となります。文字の塊でなんとなくわかるものを増やしていきましょう。例えば自分の好きな絵本を通じて文字の塊をなんとなく「読めた！」つもりになっている場面があるとします。文字と音の対応が少々おかしくても、わざわざ直す必要はなく、しっかり褒めて「できたね」「そうだね」（そしてその上で正しい音と対応関係をこっそり忍ばせるくらい）でいいわけです。既に述べましたが、繰り返し正しい音の文字の関係を聞かされたからといってそれでルールがすぐに成立するわけではありません。

（3）小学校入学前後から小学校 2 年生
——基本的なルールに基づいて例外的なルールを獲得する時期

第 3 段階は、前段階で学習した 1 つの文字と 1 つの音の基本的な変換ルールに基づいて、例外的なルールを獲得する段階であり、さらに基礎的なルールも一気に自動化（間違いがなく瞬時にオートマチックに変換ができる）が進む段階に相当します。

前述の Frith（1985）のスリーステップモデルでは（2）の段階とこちらを合わせて「アルファベットの段階」としました。つまりこの第 3 段階は「アルファベット後期の段階」といえます。基本的な文字と音の変換のルールは小学校入学までにおおむね完成し、それを基盤として、拗音や撥音の使用を極め、さらに難しい促音（小さい「つ」）や長音（伸ばす音）といった基本的なルールを組み合わせた複雑なルール、さらに例外的なルールへと獲得が進みます。

また読みだけでなく、1 つの音を 1 つの文字に変換するデコーディングが大きく伸びる時期であることもこの段階の特徴になります。ひらがな 1 文字の読みは小学校入学前（前述の第 2 段階）に基本的な読みが完成しますが（しかも教育環境にあまり左右されません）、書きは直音でも 60 ％程度であり「子どもによって書けたり、書けなかったり」の状態であることがわかります。

ただ特殊音節の書き誤りはあるものの、1 年生の後半（10 月以降）では直音で間違うことはほぼない状況となります。苦手さを判断する際には「話しことば（音声言語の理解）と書きことば（文字理解）のバランス」「読みから書きへ」の順序性を踏まえて包括的に捉える必要があります。また、小学校低学年では生まれた月の影響もまだまだ大

7 5

きく、さらに読み書き到達度は小学校低学年では性差（女児＞男児）があることも知られています。つまり対象の中での発達のバランスと、対象の所属する集団の中での発達の相対評価の双方の視点が必要となります。後者の際には（その比較対象には）近しい文化で、近しい学習環境で、（低学年の場合は特に）誕生日も近い同性の集団を想定しましょう。

　ディスレクシアをはじめとして読み書き障害の顕著な児童生徒にとって、この時期は「読み書きが苦手かも」と多くの児童生徒が気付き始めるころであり、苦手意識がより顕著になるのもこの段階のインフォーマルアセスメントで留意すべき点です。特に小学校入学以降で新たに獲得する語彙は、話しことばや経験を通じたいわゆる経験的側面以上に書かれたもの、つまり文字（本）を通じて習得される割合が一気に大きくなります。小学校１、２年生で語彙力の増大は顕著であり、この背景には書きことばを通じた語彙の学習の成立があります。語彙の３つの側面（量的側面、意味ネットワークの側面、意味へのアクセスの速さの側面）について触れましたが、特にこの後者の２つの側面の伸長が大きく影響（促進方向に対して）を及ぼしていると考えられています。

　読みの苦手さ、さらにその苦手さを自覚することによって生じる一番の問題は、当然苦手な経験は回避しようとしますので、文字に触れる経験が絶対的に減ることです。文字に触れる経験が減ることは新規語彙の学習場面も比例して減ることを意味します。

　その結果、読み書き困難を示す児童が遭遇する１番の当事者不利益は、（特に小学校低学年で）この「読み経験が結果的に少なくなることによって生じる語彙力の低下」とまとめることができます。もともと聞いて理解する力があっても、読む経験が相対的に少なく新しいことばに触れる機会が減り、結果として頭の中の語彙の辞書を成長させる機会を阻害してしまいます。多くのことばが並んだ文章から、一つひとつのことばの意味を推論しようとするには一定の辞書が必要になるわけです。さらにこの語彙力の二次的な低下は、漢字の読みの正確さの低下に著しくつながることが明らかになっています。

　こうなるともはや、負のスパイラルに突入します。語彙力が低下し漢字の読みがうまくできなくなるとさらに文章の読みや読解に影響を及ぼすことは言うまでもありません。その結果、著しく介入が遅れたり（あるいは放置されたり）、介入されても非効率、時に不適切なアセスメントでボタンを掛け違えてしまった場合には、「自分は勉強ができない」「頭が良くない」などといった発言も飛び出すこともしばしばで、いわゆるメタ認知は歪み、自己効力感は低下し、学習に対する自信をより一層損ねることになりか

第 4 章 読み書き障害を行動から見出す──インフォーマルアセスメントから

ねません。

　昨今、さまざまな発達障害において二次障害（このことばは適切ではないですが）として、さまざまな場面や人に対する不適応の問題が取り沙汰されていますが、読み書き困難の場合、仮に一次障害を読み書き困難（ディスレクシアの場合、デコーディング）と仮定すると、二次障害が学習場面での不利益であり、不適応は三次障害と考えることもできます。それだけ、一次、二次、三次と時間を経ることになりますので、できるだけ早い介入と環境調整（特に二次、三次に関して）が必要となります。

　学習場面で観察される状態像は、「直音で読み誤る」（前段階で検出されている前提で）といったものを抜きにして考えれば、「読みに時間がかかる」「特殊音節での読み誤りが多い」「本読みの宿題をとにかく（理由をつけて）嫌がる」「そもそも文字が絡む活動を避ける・嫌がる（前段階より顕著）」「そもそも文字に対する興味関心が薄い」といったことが挙げられますし、2年生の後期ころになると読みの遅さが著しく目立つようになります。

1）この段階でのことばの発達を包括的に捉える

　先に話しことば理解（統語発達）の段階から述べると、前段階の終わりころには、ことばの順番を手がかりにして文を理解する方略から、助詞を手がかりにして文を理解しようとする方略へと変化します。つまり一番最初が主語であり動作を行った主、という理解方略から、「が」という格助詞の前にある名詞が主語であり、「を」という格助詞の前にある名詞が目的語であるといった理解方略に変化するわけです。助詞を手がかりにすることで、いわゆる可逆事態文の理解も可能となります（「太郎君が次郎君を叩いた」と「次郎君を太郎君が叩いた」が同じ意味であると理解できること）。もちろんこの前段階から子どもは発話の中に格助詞を使用していますが、文を組み立てたり文の理解の手段として格助詞を正確に使ったり、それを手がかりとして理解へつなげるのは6歳以降（第2段階の終わりから第3段階にかけて）になります。この助詞を手がかりとした部分の理解が可能になると、1つの状況を頭の中で方向（動作の向き）を変えて想起することができるようになります。このようにことばの発達は、思考の発達や自己と他者との関係性の理解の発達にも大きく影響します。なおディスレクシアのみの子どもではこの段階への到達が大きく遅れることはありません。

　次にこの段階で重要な語彙の発達ですが、これまで述べたとおりまず、幼児期にして学習のプロセスが変化してきます。語彙の学習プロセスが質的に変化するわけではな

77

く、全体の割合として実体験に基づいた新規学習の語彙の数よりも、書きことばを通じた新規語彙に触れ、既に形成された頭の中の辞書の意味を整えていくことで習得される語彙の割合が圧倒的に多くなります。

2）この時期にやるべきことや学校での支援の方向性

　この段階でやるべきことははっきりしています。まず学習場面において全ての事例で考慮しておくべきことは「読みが苦手であるから無理やり読ませる、課題を出す」ではなく、さまざまな媒体を通じて新規語彙に触れる機会を確保しておくことです。よくデジタル教科書をはじめとする情報保障が、読み困難が著しく顕著になった後で初めて検討されるケースが目立ちます。できれば苦手さが顕著になる前、さらに踏み込めば苦手さの有無に関わらず複数の媒体を子どもたちが自由に手にすることができる環境を準備しておくことが望ましいといえます。合理的配慮を考える際の基本的な考え方は「集団の皆はできるが、その子ができないために準備する」といったものではありません。読み書きの問題に関わらず一人ひとりが抱える（特性に由来する）学習面の困難さは多様です。さまざまな特性や困り感を抱える子どもたちが、その困り感を感じることなく学習に参加することができる集団の環境を準備すれば、それは全員にとってもきっとメリットがあるものとなるはずです。すなわち合理的配慮はスペシャルな配慮ではなく、ユニバーサルデザインに基づいて提供されるものと考えてください。

　もし本書を支援者あるいは教員の立場で読んでくださっている方がいたら、「この子が困っているのであれば、その困り感を解決できる方法が見つかれば、（潜在的に）クラスの多くの児童に役立つ」と考えて配慮を構築していただけると幸いです。

　もう1つこの段階で必ず押さえておきたいことがあります。数多くの方の支援に携わる中で必ず宿題に関する問題が出てきます。よく合理的配慮の一環として「宿題ができないのであればやらなくていいよ」としたというものが散見されますが、これはあまり適切とはいえません。誤解がないように申し上げると「無理やりやらせなさい」というわけでも決してありません。引っかかるのは「できなかったら」ということばです。まず、この段階で学習意欲や（自分の学習能力に関する）メタ認知が下がります。本来宿題とは先生自身が教育目標を達成するための学習効果を考えた上で出されたものなので、「できない」とあえて実感させることは、学習障害の子ども達にとってさらなる十字架を背負わせることになります。できればその教育目標を考え、対象の児童の実態に合わせた形で宿題を読み替えるといった配慮をしていただければ幸いです。さらにそう

第 4 章　読み書き障害を行動から見出す──インフォーマルアセスメントから

いった宿題の読み替え場面で、先生と本人が前向きに相談することによって自分のできる部分の力に気付き、学習意欲を向上させる 1 つのきっかけとすることもできるでしょう。

（4）小学校 2、3 年生以降
──目に見えて読みスピードが速くなる時期

　この第 4 段階は、Frith（1985）のスリーステップモデルでは「正書法の段階」と呼ばれているものです。一言で言うと「まとまり読み」ができるようになる段階といえます。その単語を一見した際に、そこに含まれている音や意味を頭の中で一気に想起することができるようになります。第 3 段階では 1 つずつ文字を音に変換するため、文字が長くなればなるほど読みに時間がかかるという状況でした。

　この第 4 段階では、単語を一括して音に変換するため極めて読みの効率が上がっていきます。第 4 段階への移行は、2 年生から 3 年生と幅をもって示しましたが、移行の早い児童では 1 年生の後期からこの段階に到達します。つまり、第 4 段階への移行はとても個人差が大きいといえます。一見すると第 1 段階のロゴの段階に近いようにも見えますが、第 1 段階のロゴの段階ではなんとなく指しているものがわかるという段階であり、第 4 段階のような単語に含まれている音と意味を瞬時に正確に想起できているわけではありません。「単語の読み」という観点では、大人に近い読み方ができるようになることがこの段階の特徴といえます。第 2 章でも述べていますが、この移行する時期の違いは、読み経験の違いにあるといわれています。知識が多いと前述したとおり頭の中の辞書がしっかり育つわけです。読み書き困難の児童では、①前段階にとどまる期間が長いためそもそもこの段階に移行する時期が遅い、②小学校低学年における読みの経験の少なさ、新規語彙学習経験の少なさから十分に心的辞書（頭の中の辞書）が育っていないことによるまとまり読みから読解に時間がかかる、③自分で勝手に読みを当てて間違えて読む、あるいは文末の読み間違いが多い（一見「勝手読み」に見える）といった特徴として捉えられることが多くあります。①では、やはり前段階での読み書きの困難さの検出の遅れの問題が影響しますし、②では苦手さを周囲が理解していても読み書き困難の状態像の理解（支援者間での不統一）や不適切な介入に晒され続ければ、頭の中の辞書の構築は薄くなりボディブローのようにこの時期に影響を及ぼした結果ともいえます。③は比較的読み書きスキル以外の言語能力が高い児童に散見される行動で、自分で良好に保たれた文脈や意味を読む（先読みする）力を活用して何とか代償し

ようとした結果生じたものといえます。

　さらにこの時期（段階）から、書き困難が顕著に目立ちだすといった傾向があります。第1章でも触れましたが、大阪医科薬科大学小児高次脳機能研究所の奥村智人先生と共同研究を実施した時に、小学校低学年では読みの正確性が学力に最も大きく影響し、高学年になるに従って書きの影響が大きくなるという結果が出ました。「この結果は原因か結果かわからない」と結果の解釈にいきついたと申し上げたとおり、この時期から学校教育において本格的に書くことのウェイトが急激に上がります。学習方略の多様化が進めば、こういった状況も大きく変わる可能性があります。現に、皆さんも10年前に比べて「紙に文字を書く」機会はかなり減っているのではないでしょうか。

1）この段階でのことばの発達を包括的に捉える

　小学校低学年の段階では読み書きのルールを学習すること自体が学習活動そのものであるといっても過言ではありません。その一方で学年が上がるに従って、読み書きのスキルは学習成果そのものから学習を成立させるための「手段」へと変化していきます。この第4段階で単語の読みに限れば、大人の処理の段階に到達します。合わせて文の理解の段階もおよそ8歳から9歳に到達すると目的語を2つ含んだ文、いわゆる「やりもらい文」の理解が可能となります。基本的な構文構造の理解の到達も実は単語の読みと同時期に到達するとされています。前段階に比べてより一層自分と他者またその第三者との関係性を言語に置き換えて理解をすることもこれによって可能となります。前段階では語彙の獲得に選択的に困難さを示す事例が存在すると述べましたが、実はこの統語構造の理解に選択的に困難さを示す児童の存在が示唆されています。

　このようにことばの機能の発達を並列的に並べてみると、ちょうど小学校2年生から3年生にかけて著しい質的な変化が起きていることがわかります。そもそもことばの発達は、生活年齢に比例して徐々に伸びていくものではなく、ある程度生活年齢に比例しながら伸びつつも、所々、まさに「階段と踊り場」のような形で特定の時期に顕著な伸びを示すことが明らかになっています。皆さんは「9歳の壁」ということばを聞いたことがあると思います。この「9歳の壁」の時期は、学齢期において一番大きな階段と踊り場に該当します。「9歳の壁」はある日突然生じるものではなくて、それまでは「個人差でしょ」と看過していたものが、周囲の児童が階段をいざ駆け上がった際に、差が顕著に見えることによってあたかも出現したように見えるだけにすぎません。「9歳の壁」を1つの大きな教育課題と捉えるのであれば、その解決方法はそれよりも前

第 4 章　読み書き障害を行動から見出す──インフォーマルアセスメントから

の段階での介入の在り方を検討することにほかなりません。

2）この時期にやるべきことや学校での支援の方向性

　第一にこの段階では学び方の多様性を保障することが必須となります。皆が同じ方法で学習を成立させることにこだわらないことを意識してください。読み書き困難の事例に対する個別の介入（第 7 章で事例を示します）では、一定の条件を満たすと、ひらがなやカタカナ簡単な漢字の読み書きはある程度可能になります。

　比較的ことばの理解力が高い読み書き困難（ディスレクシア）の子どもの場合、自分で勝手に（途中から）読むといったことを前述しましたが、ディスレクシアのみの状態であれば、苦手なプロセスは文字を音に変換する「デコーディング」のプロセスに限定されますので、文脈や文章表現から意味を推論し、そこから音を当てはめて読むことができるわけです（逆に ASD 特性を合併した児童生徒ではあまりみられる特徴ではありません）。

　何とか頑張っているその状況で、「しっかり文字を追いかけて語尾も間違えずに読みなさい」と指導するか、それとも、まず内容を理解できているか確認する（内容の理解に影響を及ぼさない読み誤りは指摘しない）とするか、もちろん後者を筆者は推奨します。書かれた内容を理解し、コンテンツを楽しむことがゴールであるとすると、そこに至るまでのプロセスをあえて「皆と同じように」する必然性は全く無いわけです。年齢が上がるに従って、日々学習を積み重ねていくわけですから、読み書き困難の背景要因を読み解くことは複雑になっていってしまいます。まず、どの方法や環境設定が一番学習効率が高いか、スキルの困難さが学習全般に影響を及ぼさないか、そもそも学習を楽しむことができるかなど、多くの引き出しを備えておくことが大切です。

　学習意欲と読み書きといった基礎的学習スキルそして学力との関係性について以前検討したので、ここで触れておきたいと思います。合計 3 つの都道府県で合計 2,000 人以上の小学校高学年在籍児童を対象として検討を行いました。目的は学力に対して読み書きスキルなどの基礎的な学習スキルが影響するのか、また学習意欲が影響するのか、どちらの影響が大きいのか、はたまたその相互関係はどうなっているのかを検討することにありました。

　その結果、結論から述べると読み書きといった基礎的学習スキルといわゆる学習意欲は、別々に学力に対して影響を及ぼしており、さらに学習意欲と基礎的学習スキルは相互に影響しあっている構造が明らかとなりました。つまり学習不振の状況を改善するた

めには 学習意欲をはじめとする心理行動面と、読み書きなどの基礎的学習スキル双方に対する介入の必要性が示唆されました。

あと1つ注目すべき点は学習意欲の構造です。一般的に学習意欲といえば、困難に取り組む能力や継続的に毎日勉強しようという習慣などを指します。これらが直接学力に対して影響を及ぼしていたのではなく、こういった狭い意味での学習意欲がまず学習不安を押し下げる方向で機能し、その上で学力に影響している構造が明らかになりました。この結果は私たちに多くの示唆を与えるものです（川﨑，2021）。いくら頑張れ頑張れと学習習慣をつけようとしても、結果として別のところから学習不安を増大させる因子があると結果には結びつかないわけです。読み書きがうまくできない不安はまさにこれに相当します。

・事例——中間休みに遊びたい！

ある小学校での出来事です。小学校3年生の男の子のA君は、書きがとても苦手で、いつも板書をノートに書き写すのに時間がかかってしまいます。2時間目後の少し長めの休み時間はその前の時間のノートが取れた人から先生にチェックしてもらって校庭へ遊びに出ることができます。当然A君はいつもノートを取るのが遅く、休み時間をかけてもノートを取り切ることができませんでした。当然学校も授業もだんだんと楽しくなくなってきました。授業が終わりぐらいになると1人だけノートを取り切ることができずイライラすることも増えてきたように思います。その様子を見た担任の先生が1つの仕掛けをクラス全体に施しました。

ここまで読んだ皆様は「タブレットを使って板書をカメラに収めたのではないか」「ノートが書き終わってなくても外に出て遊んでいいよと指示をしたのではないか」とお考えになられたかと思います。当時はまだGIGAスクール構想の前で1人1台端末がある状況でもありませんでした。担任の先生はクラスに1台置いてあるタブレットを使って日直が黒板を消す前に必ず板書をカメラに収めて、その画像は誰もがいつでも見ることができる状況を作ったわけです。ほんの少し日直さんの仕事が増えました（写メを撮るだけですけど）。この配慮のあとこの児童は安心して中間休みに外で遊ぶことができるようになりました。

この配慮はとても秀逸だと思います。そのクラスの中で明らかにノートを取るのが遅いその子に、「直接できないからどうにかしないと」とアプローチするのではなく（もちろん別の場面でそれも実施しているわけですが）、この児童の配慮がきっかけであることは間違いありませんが、それを通じてクラス全体に恩恵をいきわたらせることができるわけです。後で振り返って確認をしたい児童もいたかもしれません。この児童と同じよ

第 4 章　読み書き障害を行動から見出す──インフォーマルアセスメントから

うに書くことが苦手でギリギリまで頑張っていた児童もいたかもしれません。この配慮を通じて、広くよりよい皆が過ごしやすい環境構築につながった点が素晴らしいと思います。この対象となる児童にとっても「僕ができないから先生が何か配慮したんだ」といったネガティブな感情を抱くこともないでしょう。推奨される合理的配慮とは、配慮される本人にとっての心理的ハードルが低いこと、誰でも利用できること、皆に役立つ環境改善につながることです。合理的配慮と甘やかしや特別扱いを混同してはいけません。合理的配慮の提供は義務です。甘やかしとすり替えて配慮提供を拒否することは絶対あってはならないことです。合理的配慮の申請があった際には、ぜひ配慮の提供を通じて自分のクラスを少しでもより良い環境にしていこうという視点で検討してみてください。

第 **5** 章

読み書き障害を定量的に評価する
——フォーマルアセスメントから

1 読み書き困難の評価（フォーマルアセスメント）とその課題

　本章ではフォーマルなアセスメントについて触れていきます。その前に、以下時々散見されるやりとりを示します。皆様はどう感じますか？

A「先生、C君はディスレクシアなので指導が必要です」
B「どうして、指導が必要だと判断したのですか？」
A「ディスレクシアの検査Aで閾値を下回っているからです」
B「その指導でC君の生活がどう変化するのか見通しは立っていますか？」
A「……」

　これは模式的に筆者が作成したやりとりですが、似たようなエピソードに遭遇したり、そこかしこで思い当たるふしがあるのではないでしょうか。評価は何のために行うのか、またそもそも介入の目的は何か、スキルに介入するのはゴールなのかといった介入に際して最初に考えておくべきことや多職種で共有しておくべきことが時に忘れ去られてしまうことがあります。力を入れて介入している時ほど目的を忘れてしまうのです。そういった最初の前提を忘れてしまった時に、このような会話が起きるのではないでしょうか。さらに検査で示される数字はどこまで実態を反映したものなのかどうか大きな疑問が残ります。

　これまで説明してきたように、評価の目的や専門職支援者の置かれた立場、立ち位置、所属する施設によっても評価を構成する検査は当然変わります。医療機関において診断を目的とした評価であれば、限局性学習症に該当するか否か、ディスレクシアに該当するか否かを明確にするところから始まります。まず対象の全般的な知的発達の段階を精査します。そのあとに言語発達の各側面での到達度の乖離を調べて、乖離があるのであれば、その（乖離を生じた）背景となる認知機能の同定といった「乖離診断モデル」でのアプローチが選択されるのが一般的です。より確実かつ客観的に目の前の困難さを、限られた時間で、その由来（背景要因）を含めて明らかにすることが求められているからです（無論、診断のための評価と介入のための評価が明確に二分されるものではありません）。さらにインフォーマルアセスメントは生活の現場を押さえないとできないので、診察場面や教育相談といった限られた場面では実施に限界があります。

第 5 章　読み書き障害を定量的に評価する——フォーマルアセスメントから

　一方で、教育における評価や、長期目標を定めた上でトップダウン的視点に立った介入や学習支援を目的とした評価では、対象への介入が「点」ではなく継続的に行われるものになりますので、目の前の重症度（社会生活に及ぼす影響）を個人要因だけでなく環境要因も含め、さらに「発達の時間軸」（個人・環境の相互作用を含めた、その困り感の形成過程）を明らかにし、目標の妥当性も担保する必要があります。そのためには、いわゆる「強み」について介入前に査定しておく必要がありますし、経過に併せて状況は変わりますから、介入効果のモニターも評価に含まれます。フォーマルな評価は、どこまで実態を表しているかといった限界もありますが、フォーマルな検査は数字で返ってくるため、何より誰もが客観的に納得しやすい利点があります。大事な点は検査それぞれの利点と欠点をよく理解しておくこと、インフォーマルアセスメントとの整合性を視野に入れておくことだと思います。

 ## スキルに介入する「乖離診断モデル」とは

　ディスレクシアは読み綴り（書き）に特化した困難さを示した状態です。ただここまで読んでくださった方は、読み書きスキルに影響する要因は多岐にわたることを理解してくださったと思います。さらに個人の学習環境や経験も大きく影響します。現在の日本で、この状態を評価するための基準として「特異的発達障害診断・治療のための実践ガイドライン」というものがあります。これは令和 5 年現在、保険適用が可能な唯一の検査であり、その中に乖離診断プロトコルが記載されています（**図 5-1**）。
　また「小学生の読み書きスクリーニング検査（STRAW）」（宇野他，2006）というツールもあり（現在は「改訂版 標準 読み書きスクリーニング検査（STRAW-R）」（［宇野他，2017］）、こちらの中にも乖離診断モデルに基づいた評価プロトコルが示されています（**図 5-2**）。これら 2 つの示された評価プロトコルには共通点があります。それは、個々人の経験に由来する要素をできるだけ除去しようとする試みです。知能検査もまた、年齢が高くなるほど学習経験の影響を受けやすくなります（ことばの発達も経験で大きく変わります）。そのため、段階的に読み書きスキルに影響を及ぼしている個人内要因を明らかにし、それ以外の要素を段階的に取り除く配慮がなされています。
　最終的には、読み書きの難しさと密接に関連しているデコーディングのルール獲得に大きく関与する音韻処理能力の実態や、文字を学習し運用する上で大きく関与する視覚情報処理能力といった認知機能にまで掘り下げていく形になります。またできる限り 1

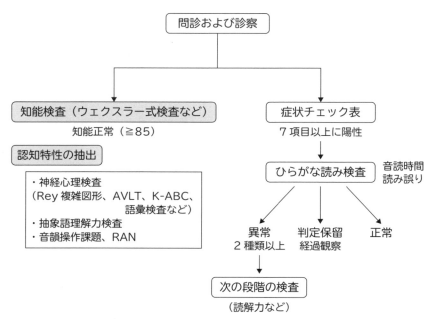

図 5-1 「特異的発達障害診断・治療のための実践ガイドライン」評価プロトコル
出典：稲垣真澄・小林朋佳・小池敏英・小枝達也・若宮英司（2010）. 診断手順. 特異的発達障害の臨床診断と治療指針作成に関する研究チーム編　稲垣真澄編集代表. 特異的発達障害診断・治療のための実践ガイドライン――わかりやすい診断手順と支援の実際. 診断と治療社. p.3.

つの項目（目標）を測る際にもスクリーニング検査と掘り下げ検査（場合によっては視点の異なる掘り下げ検査を2つ）を組み合わせることによって信頼性の高い結果を得ようと努力します。

　乖離診断モデルに基づいた評価のポイントは、読み書きスキルに密接に関連した認知機能の弱さ（障害）を検出し、その実態に合わせた支援方法を構築することにあります。時間をかけて詳細な局在性の認知機能の弱さや強さを明らかにできるため、オーダーメイド化されたスキル支援には極めて有効な手段となります。一方で、読み書きのスキルや理解力、語彙の獲得など、他の言語スキルとの間にギャップがあるかをチェックし、その前段階で知的発達に問題があれば知的発達の問題による読み書き困難、さらに学習環境に課題があれば、学習環境の要因として、異なる介入の流れになります。

　流れとしてはまず全般的な知的発達を押さえます。基本的にはウェクスラー系の知能検査が使用されます。スクリーニング検査としてはできる限り学習経験の影響を受けないレーヴン色彩マトリックス検査（Raven's Coloured Progressive Matrices: RCPM）などが用いられることが多いです。そこで知的発達に問題があると限局性学習

第 5 章 読み書き障害を定量的に評価する――フォーマルアセスメントから

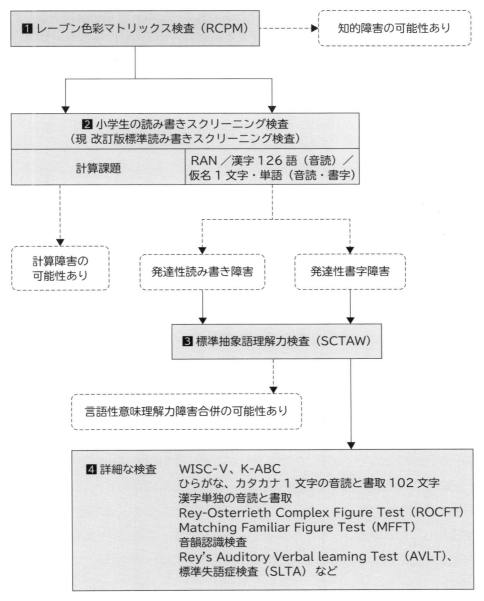

図 5-2 「小学生の読み書きスクリーニング検査」評価プロトコル
出典：宇野彰・金子真人・春原則子・Taeko.N.Wydell（2006）．小学生の読み書きスクリーニング検査（STRAW）．インテルナ出版より改変．

症としての介入は中断し「読み書きだけにとらわれることなく全般の発達を促していこう」と知的発達の課題として別の流れをとるわけです。ついで知的発達に問題はないが、学習環境が十分でない場合はいったん乖離診断モデルとしての介入を中断し、まずその調整から入ります。その結果学習面の問題単独であることが明らかになった上で、精査に入るわけです。

　実はこの段階はいわば包括的に「学習面の問題」と認知した段階であって、まだ「読み書きの問題」と踏み込んだわけではありません。この次のステップで、ことばのさまざまな働き「読む書く聞く話す」の個人内差（乖離）を検討することになります。学齢期以降では聞く話すに関する包括的な評価は限られてしまいます。丁寧に見る場合では「包括的領域別読み能力検査（CARD）」（奥村他，2014）といった学齢期を対象とした語彙力や統語力を確認する標準化された検査や、読書力テストなどを用いる場合もありますが、多くの場合「語彙力」の一側面を評価した「絵画語い発達検査（PVT-R）」（上野他，2008）などを用いる場合が多いです。これらの結果と読み書きの到達度を個人内で比較することによって、（つまりこの3段階目で初めて）目の前の学習の問題が読み書きによって生じていると同定されるわけです。この次の段階のいわゆる4段階目で読み書きの問題の背景（読み書きスキルの低下の原因）に切り込みつつ、保たれた機能の検出に至るわけです。

　つまりこの乖離診断モデルの課題として、そもそもの目的は、読み書きが原因となって学習に問題をきたした子どもに対する評価のため、それ以前の段階でつまずきがあったり、読み書きの問題があっても複合的にその前段階の問題があったりする場合には、それぞれの段階で介入がストップしてしまう可能性があります。また最大の課題は、検査をする側も受ける側もコストがかかることにあります。この場合のコストは金銭面以上に時間と労力に関するものです。正確に検査をするには、一つひとつの検査の理解と習熟が求められます。また検査が段階的かつ多岐にわたるため、対象にかかる負担も増えることにも留意が必要です。今の学校現場や単位が限られた医療現場においては、多様な困り感を抱え、時に困り感の自覚が薄い児童生徒に対応する必要がある教育現場において乖離診断モデルを適用するには限界がありますし、医療現場では実施する検査が限られることもありますので、医療現場側が対象を限定することによって対応している現状があります。

全般的知能や包括的な認知検査

　ディスレクシアをはじめ学習面の困難さを主訴とする場合、全般的な知的発達の評価においては、比率IQを算出するビネー系の知能検査ではなく、読み書きの困難を抱える児童生徒の認知プロセス（プロフィール）のきっかけを把握することを目的とした偏差IQで算出し、項目間の乖離を見ることができる「Wechsler Intelligence Scale for Children-Fifth Edition（WISC™-V知能検査）」（Wechsler, 2014）が推奨されます。また知能検査ではなく認知検査では「Kaufman Assessment Battery for Children Second Edition（KABC-II）」（Kaufman & Kaufman, 2004）が選択されます。

　WISC™-V知能検査は、5歳から16歳11か月の子どもを対象にしており、さまざまな認知機能を測定することで、ディスレクシアの背景にあるさまざまな要因を把握するのに役立ちます。この検査は、5つの主要な指標——「言語理解」「視空間」「流動性推理」「ワーキングメモリー」「処理速度」からなっており、掘り下げ検査を行うヒントを支援者側に与えてくれます。一方で、KABC-IIは、3歳から18歳までの子どもたちに適用される認知検査です。この検査は、伝統的な知能検査と異なり、学習処理スタイルを中心に設計されており、継次処理（sequential processing）や同時処理（simultaneous processing）といった処理能力に加えて、日本語版のみですが「習得尺度」が用意されており読み書きスキルの到達度を知ることもできます。

　WISC™-V知能検査とKABC-IIは、ディスレクシアを含む学習困難の児童の診断や掘り下げ、介入方法の選択において有用な情報を提供することができますが、どちらの検査も子どもの全般的な知的発達を全て網羅して評価できているわけではありません。昨今の発達障害界隈では意味もなくウェクスラー系の知能検査の尺度が独り歩きする傾向にありますが極めて危険です。極論をいえば学習面に困難さがあればおそらくワーキングメモリー尺度が低く出る傾向にあります。そこで軽々しく「ワーキングメモリーが低いことが（この児童の）学習障害の原因」と結論付けるのは大いに危険です。そもそもウェクスラー系の知能検査でいう「ワーキングメモリー」は因子分析の結果として命名されたものであり、Baddeley（2002）の学習のシステムとしてのワーキングメモリーを測ろうとして作られたものではありません（つまり同じものではありません）。WISC™-IV知能検査でのワーキングメモリー尺度には視空間性ワーキングメモ

リーが課題に含まれていなかったことからも明らかです（WISC™-V 知能検査になりこの点は一部改善されています）。双方の検査はさまざまな場面で貴重な情報を我々に付与してくれますが、結果をさまざまな場面に対して過剰に適用することは危険であり、大いに注意する必要があります。

　第 4 章でも述べましたが、特にこの全般的な知的発達や認知発達に関する検査を行った際には車の両輪であるインフォーマルアセスメントとの整合性を考え、結果を独り歩きさせることなく、必要に応じて掘り下げ検査を準備する必要があります。以下によく使用される検査について概要を示しておきます。ただ、検査の内容については一切触れません。本書を読んでくださった皆様も検査結果について、SNS を含めて一般公開するようなことは絶対に避けてください。本人の自己責任といった次元の問題ではなく、知財や著作権法に触れるだけでなく、これからこの検査を受ける人が正しい結果を得ることができなくなります。血液検査をすり替える心理学的ドーピングといっても過言ではありません。絶対にやめてください。

(1) WISC™-V 知能検査 (Wechsler Intelligence Scale for Children-Fifth Edition)

　6 歳から 16 歳までの子どもの知能を評価するための標準化されたテストです。このテストは 5 つの主要な構成指標を通じて、子どもたちの知能プロファイルを詳細に分析します。以下 5 つの指標について簡単に説明を加えておきます。

　言語理解指標（VCI: Verbal Comprehension Index）：ことばに基づく理解と表現の能力を測定し、語彙知識、概念形成、理解力などを評価します。

　視空間指標（VSI: Visual Spatial Index）：非言語的な情報を利用して視覚的なパターンを理解し、空間的な関係を把握する能力を評価します。

　流動推理指標（FRI: Fluid Reasoning Index）：新しいタスクや状況に対する推理能力、問題解決スキル、パターン認識、抽象的思考を評価します。

　ワーキングメモリー指標（WMI: Working Memory Index）：情報を短期間保持し、操作する能力を測定します。これには注意の持続や集中力も関連します。

　処理速度指標（PSI: Processing Speed Index）：単純なタスクを迅速に実行する能力を評価し、速度と正確さを必要とする作業に焦点を当てます。

(2) KABC-II (Kaufman Assessment Battery For Children Second Edition)

　全般的な認知処理尺度の検査であり、読み書きの到達度に関する検査（習得尺度）を含んでいるのが特徴です。対象年齢は 2 歳 6 か月から 18 歳 11 か月で、年齢によって実施される下位検査が異なりますが、7 歳以降は下位検査が共通しています。カウフマンモデルに基づいた認知尺度（継次処理・同時処理）と習得尺度、CHC 理論に基づく CHC 尺度を算定できます。検査の中で実際の読み書きの様子を観察し、スキルに関して標準化されたスコアを得ることができます。認知課題全般、記憶や再生に関する課題が豊富に含まれており、対象者の認知特性を掘り下げることができ、CHC 尺度においては「短期記憶」や「長期記憶と検索」といったスコアに反映されます。ただし、KABC-II における記憶や学習に関する課題には、視覚、聴覚などの複数の入力モダリティを組み合わせたものが多く、短期的に記憶した事柄を操作する「逆唱課題」のような課題は含まれていません。

(3) DN-CAS 認知評価システム (Das-Naglieri Cognitive Assessment System)

　こちらも全般的な認知処理に関する検査です（Naglieri & Das, 1997）。5 歳 0 か月から 17 歳 11 か月が対象となります。PASS 理論に基づき全般的な認知処理の特徴を「プランニング」「注意」「同時処理」「継次処理」の 4 側面から評価しています。特に「プランニング」尺度と「注意」尺度からは、上述の WISC™-IV 知能検査や KABC-II と違った実行機能や注意機能に関する情報を得ることができるのは大きなメリットです。「プランニング」尺度には実行機能が影響し、「注意」尺度は選択的注意・持続的注意が影響すると考えられます。注意や実行機能はいわば学習の土台となる能力であり、ADHD では中核の問題といえます。また、通常実施（課題数 12）のみでなく、短縮実施（課題数 8）が準備されているのも特徴です。

読み書きスキルに関する検査・評価の現状と課題

　読み書きのスキルの評価観点は「正確性」と「流暢性」さらに「易疲労性」の 3 つです。しかし、易疲労性についてのフォーマルな検査はまだ存在しておらず（2023 年

現在）、「包括的領域別読み能力検査（CARD）」の一部にその考え方が反映されているにすぎません。正確性や流暢性についても、それぞれの検査の「癖」があり、検査の特性を踏まえた上で、さらに結果の解釈にはインフォーマルアセスメントを含めて総合的に判断することが大切です。正確性とは「文字音韻変換規則に則って文字から音もしくは音から文字に正しく変換する能力」であり、流暢性は「文字音韻変換規則の効率性」（川﨑，2019）を指します。成人の脳血管障害などの後天性の障害によって生じる失語症での「流暢性」とは指している内容が異なっています。読みの流暢性については、日常生活の場面、特に小学校低学年では見過ごされがちであり注意が必要です。

　荻布・川﨑（2016）は「特異的発達障害診断・治療のための実践ガイドライン」の音読流暢性課題を用いた検討で小学校高学年において読みの流暢性が低下していた場合、既に学力にも大きな影響が出ている可能性が高いことを示唆しています。小学校高学年になって読みの流暢性が落ちている場合、緊急の介入を必要とすることになります。

　易疲労性は、獲得したスキルをどの程度一定水準で維持できるかを指します。小中学校で読み書きの苦手さをなんとか自己克服した児童生徒においても、しっかりと負荷がかかった場面では、急激なパフォーマンスの低下を見せることがあります。この側面は、高校生や大学生における学習支援を構築する際に特に注意して観察するべきです。

（1）特異的発達障害診断・治療のための実践ガイドライン

　いわゆる音読流暢性課題です（特異的発達障害の臨床診断と治療指針作成に関する研究チーム編，2010）（2023年8月現在唯一保険点数算定可能）。この検査はディスレクシアを含む読み困難児童の検出と診断を目的として、単音節（50文字）速読課題（拗音、濁音、半濁音を含む）、有意味単語、無意味単語（各30語）の2つの単語速読課題、3つの短文からなる「単文課題」から構成されています。それぞれ読みにかかった時間を測ります。さらに問診として「読み困難に関する症状チェック表」が用意されています。なお、課題遂行時間も説明時間を含めても10分程度で実施可能です。読み困難をディスレクシアの中核と捉えており、書きの課題は含まれていません。読みの流暢性を見る課題ですが、課題中の読み誤り反応数や流暢性課題の結果から正確性についてもある程度推定することができます。

　基本的に診断のためのスクリーニング検査の位置付けですが、前述したとおり学力低下に対しても鋭敏であり、さらに無意味語と単語の課題成績の推移を定性的に検討することで単語の読みの発達段階に関する情報を得ることも可能です。本検査の課題と留意

点としては標準化されたものではないこと、比較的小学校1、2年生の設定された基準値が厳しい傾向にあることです。筆者らが同程度の母集団を設定して検証したところ、3年生以降で交差妥当化が成立しています（川崎他，2013）。1、2年生ではやや基準値が厳しい傾向にありますが、3年生以降は教育や文化の影響を受けない妥当性の高い検査といえます。

（2）小学生の読み書きスクリーニング検査　　　（STRAW・STRAW-R）

ひらがなやカタカナ、漢字の読みだけでなく、書きの正確性とその困難さのスクリーニングを目的として開発されました。改訂版では、漢字の読み尺度や文章の速読課題も加わり、高校生までを対象にしています。この検査ではレーヴン色彩マトリックス検査や呼称速度の課題であるRAN課題の学年別基準値など、要素的認知機能や語彙検査の基準値を併せてマニュアルに掲載しており、個人内での比較を容易にしています。ただ、音読流暢性課題と比較して結果と学力との関連が「やや薄い」傾向にあり、書きに関してはインフォーマルアセスメントの組み合わせが必須であると筆者は考えています。

また、書きの流暢性を含む検査として「小学生の読み書きの理解（URAWSS II）」（河野他，2017）があります。この検査は中学生までを対象にしています。これらの検査は、実際の学習困難を把握し、教育的な介入や支援を行う上で有用ですが、書く行為自体が紙から端末へと大きく変化する中、書きの流暢性の捉え方が大きく変わる可能性があります。日常生活での困難を見落とさないようにすることが重要です。

検査課題を紹介していくと、書き正確性に関する課題が少ないことに気付かされます。特に1年後、2年後の学力を説明しうる漢字書字正確性の課題について、現在大阪医科薬科大学小児高次脳機能研究所の奥村智人先生らと「SAKULA」を開発中です。

いくつか課題を紹介してきましたが、これらは全て「パフォーマンス」で測定する検査で、「できた」「できなかった」の間にある「頑張ってできた」「かなり頑張らないとできなかった」は検査の特性上表には出てきません。この過剰努力が看過され続けると学習全般に大きな影響を及ぼします。「できたらいい」「基準値以内におさまっていたら問題がない」と必ずしもならないことに留意しておきましょう。検査結果は日常生活での困り感を確実に反映するわけではありません。ずれを生じる可能性があることを踏まえておくことが必要です。保険点数化されている音読流暢性課題においてもディスレク

シア診断の感度・特異度は80％程度と報告されています（北他，2010）。決して低くはない数字ではありますが、感度・特異度とも100％ではなく、また「どこまでをディスレクシアとするか」によっても結果は変わります。

5 読み書き困難に直接影響が想定される認知機能の検査とその課題

　読み書き困難に影響を及ぼす認知機能やそれを支える要因を模式的に図5-3に示します。読み書き障害、ディスレクシアが疑われた場合には今後の支援も含めて、①読み書き以外の他の言語ドメインとの到達度の乖離の有無、②読み書き障害の背景要因となり得る要素的な認知機能の障害の同定、保たれた処理経路の検索は必須となるでしょう。

　第2章でも触れましたがディスレクシアの原因である主たる認知機能の問題として音韻処理障害と呼称速度の障害による「二重障害仮説」（Wolf ＆ Bowers, 1999）が提示されて以来、「読み困難＝音韻障害」といった図式が必要以上に先行してしまった感がありますが、現在、表面化する読み書きの困難さの背景には、音韻処理過程（発達心理学では音韻意識）と呼称速度はもちろんのこと、視覚情報処理過程を支えるコンポーネント、また語彙とその運用、文法的知識の獲得とその運用など、それらの基盤となる注意や実行機能に問題はないか、さまざまな要因を考慮しておく必要があると考えられ

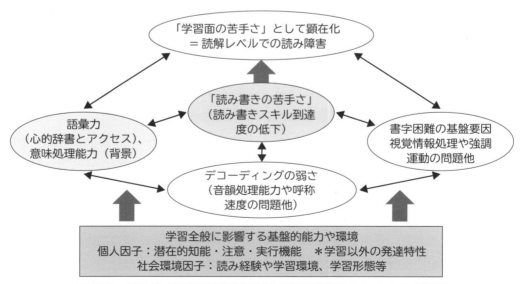

図 5-3　読み書き困難に影響を及ぼす認知機能やそれを支える要因

第 5 章　読み書き障害を定量的に評価する——フォーマルアセスメントから

ています。

　ディスレクシアの音韻処理過程に何らかの課題（障害）があることは疑いようのない事実です。繰り返しになりますが誤解してはいけないのが音韻処理能力と読みスキルは線形回帰するものではないということです。音韻処理能力と読みスキルの関係は、音韻処理能力が一定の閾値を超えて（他の要因の成熟もあって）文字音韻変換規則が獲得されるものであり、その閾値も読み規則獲得に影響を及ぼす他の要因や言語によって変化すると考えておく必要があります。逆にディスレクシアの場合、音韻処理能力が一定の閾値を下回ることで文字と音の変換規則の学習に顕著に影響を及ぼすようになるといえます。

　一部の認知機能検査とその数字だけに左右されては、「木を見て森を見ず」といった状態に陥り、本来の要因を見逃すことにもつながりかねません。

　音韻処理過程を評価する課題としては、標準化されたものはなく、各臨床現場でそれぞれ課題を準備し細々と基準値を設けて実施しているものが現状です。おおむね実在語や非単語の逆唱課題や分解課題を採用し、正答数や遂行時間を指標としています（例：「たいこ」の復唱を促した後、逆唱を促し、正答数・［正答するまでの］所要時間を測る）。ある程度公開されているものでは、国立精神・神経センターが開発した「言語聴覚障害検査（SLCAT）」や「読み書き困難児のための音読・音韻処理能力簡易スクリーニング検査：ELC」などが音韻処理障害を検出するツールとして存在します。

　呼称速度の障害とは、言語的情報や非言語的情報を迅速に取り出す能力に障害がある状態を指し、特に連続する課題（例えば、短い時間内に色や文字を迅速に名前付けする作業）においてパフォーマンスが落ちることが認められます。呼称速度の障害は、音韻処理障害とともにディスレクシアの診断に重要な要素であり、音韻処理障害の有無とは独立して、読み困難の程度を予測する上で有効な情報となることが知られています。呼称速度の障害に関しては、「Rapid Automatized Naming（RAN）」と呼ばれる課題が代表的であり、この課題は言語的情報や非言語的情報を速やかに命名する能力を評価するためのツールです。さまざまな形態の RAN が実施されており、その中で単純な形から複雑なものまでありますが、いずれにせよ迅速性が要求されるため、これによって呼称速度の能力を評価することが可能です。

　視覚情報処理能力を評価する検査として最も代表的なものは Rey の複雑図形検査（ROCFT）です。視覚情報処理能力に関しては第 3 章でも触れていますのでご参照ください（ここでは簡単に触れておきます）。Rey の複雑図形検査は 1960 年代から使用

97

されている伝統的な神経心理学の検査で、もともと高次脳機能障害の方を対象に視知覚認知機能や構成能力を把握するために用いられていました。言語化が難しい複雑な幾何図形を模写し、その後再生、さまざまな課題を行った後 30 分後に遅延再生を行います。この ROCFT の模写再生遅延再生の総合得点は 1 つの要因から成り立ち、おおむね対象の視覚情報処理能力を表しているとされます（荻布他，2019）。もちろん遅延再生は視覚性記憶の再認にかかる負荷が高いと考えてください。書きの困難さを示す児童の場合、見ておくべきポイントは①模写再生遅延再生の総得点、②模写を分母にした再生遅延再生の効率、③これら①②の結果と音声言語の長期記憶力との個人内比較となります。最近視覚情報処理に関する包括的な検査として「見る力を育てるビジョン・アセスメント：WAVES」（奥村・三浦，2014）といったものも開発されています。

第**6**章

学習環境を査定する
——読み書き障害における
　合理的配慮や個別最適な学び

1 合理的配慮とは——環境と個へのアプローチは そもそも支援の両輪

　合理的配慮が法律の中で明確に位置付けられたのは通称「差別解消法」（正式名称：障害を理由とする差別の解消の推進に関する法律）になります。その中で合理的配慮は、雇用者側や学校側の「義務」とされました。法律の成立当初（2016年）は公的機関において「義務」、民間においては「努力義務」とされていました。その後、令和2年度にようやく法律が改正されて、公的・民間の区別なく「義務」となりました。しかしながらこの時点でも民間事業者にとっては「準備に時間がかかるであろう」とされて、3年間の猶予期間が設けられ、完全施行は令和5年度からになりました。経過措置がそろそろ終わろうとしている本原稿執筆時（令和4年度）においても、準備が整った状況とは程遠く、「自分とは別の話」と考えている事業者や教育者も結構多いのではないかといった疑念を拭い去ることはできません。

　そもそもこの法律が制定される背景となったのは2006年の国連で採択された「障害者権利条約」です。日本は翌2007年に国連加盟国中114番目に署名を行い、批准書の寄託が2014年1月と翌月批准の経緯をたどっていますので、条約批准に必要な国内法整備に7年の歳月を要したことになります（外務省，2014）。もはや、国内法の整備の「遅れ」という以前に、「そういう意識すらそもそもなかった」といった空気感といっても過言ではないでしょう。

　そもそも日本においては「皆と一緒で横並び、周りと同じ＝平等」と考える風潮があり、同じ集団での他者と異なる環境が用意されることを、「ずるい」「わがまま」と捉える風潮が根強くあります。こういった考え方の背景について本章で掘り下げることはしませんが、このような戦前から戦後にかけて、また高度経済成長期において経済社会を発展させることを至上命題とした社会の風潮が背景に根強くあります。当時は教育においても一斉教育を効率よく行うために道徳観を援用した「作られた平等主義」が前提にあり（道徳の専門の先生にお叱りを受けるかもしれませんが）、この当時の教育観が負の遺産として合理的配慮の推進の大きな足かせになっているといっても過言ではありません。

　本来、教育の上での平等とは何かをまず考えてみましょう。2006年までは、現在の「特別支援教育」は名称が異なり「特殊教育」と呼ばれていました。特殊な場所（通常の学校とは異なる）で行われる、特殊な児童生徒に対する教育だったわけです。障害

者の権利条約をはじめ、世界的なさまざまなマイノリティーの人権擁護の機運の高まり
だけでなく、ちょうど 2000 年前後より通常の小学校や中学校での教育課程では対応
できない児童生徒の課題がクローズアップされ、「軽度発達障害」といったことばが出
現し、通級指導教室の在り方が変わりました。合わせて文部科学省の調査（文部科学
省，2003）により「通常の小学校・中学校に 6.3 ％（当時）特別な支援を必要とする
児童生徒の存在」が明らかになりました。この調査は 10 年ごとに更新され 2022 年
度調査では高等学校を含み「8.8 ％」となっています。この数字は発達障害の診断の
ある児童生徒の数ではありません。ここで注目しないといけないのが「（支援が必要と認
識していながら）支援が全く行き届いていない」現状です。おおむね学習面の困難さが
指摘された児童生徒の約 3 分の 2 が個別の介入のみならず、配慮すらなされていない
のです（文部科学省，2022）。本章では学習困難に対する合理的配慮の現状と今後のあ
るべき姿を考えていきたいと思います。

（1） 合理的配慮と誤解——2 階建て 3 階建ての教育システム

　「合理的配慮ってどこからが『甘やかし』でどこからが『合理的配慮』かがわかりま
せん」といった質問をいただくことが結構（正直なところ頻回に）あります。この手の
質問をいただいた際は必ず「わからなくて当然です。そもそもその 2 つはベクトルの
両端にあるものではなく『比べるものではない』ですから」と答えるようにしていま
す。

　誤解が多いところですが、合理的配慮は「診断」に対してでも、「できないこと」に
対してでもなく、教育目標を達成する上で特性の結果生じる社会的障壁の除去に対して
行われるものであり、多様な児童が安心して学ぶことができるための環境を構築する
「手立て」です。医療介入や保険診療であれば診断は前提になりますが、そもそも教育
現場ですから「教育実践の前提に診断ありき」はおかしな話であることに気付くでしょ
う。合理的配慮の積み重ねによって作られる特性をもった児童生徒が安心して学校に通
うことができる環境は、間違いなく全ての児童生徒にとって有益な環境であることは言
うまでもありません。1 人の児童生徒に対して行われた合理的配慮は、クラス全体の環
境を変えます。つまり、一見支援の対象になっていない児童生徒に対しても有益となる
ように、ユニバーサルデザインの考え方に基づく必要があります。合理的配慮として提
供されるサービスは誰もがアクセスしようと思えば、そのサービスにアクセスしうるも
のでないといけません。

101

(2)「学習面の困難さ」に対する合理的配慮の視点

　学習面の合理的配慮における「読みへの支援」で「ICTによる文章の音声化」といった困難さに直接アプローチするものがテンプレートとしてで最初に出てきますが、これは極めて狭い視点に立ったものです。本来最初に出てくるべきことは、例えばデジタル教科書を全員が学ぶ前に見ることができる環境を作る、授業資料を一足先に見ることができる（内容が先にイメージできるよう）といった授業環境の調整にあります。これらの恩恵は集団全体にも波及することは言うまでもありません。

　昨今、苦手さの有無にかかわらず「個別最適な学び」が標榜されています。文部科学省では個別最適化の学びについて「全ての子供に基礎的・基本的な知識・技能を確実に習得させ、思考力・判断力・表現力等や、自ら学習を調整しながら粘り強く学習に取り組む態度等を育成するためには、**教師が支援の必要な子供により重点的な指導を行うこと**などで効果的な指導を実現することや、**子供一人一人の特性や学習進度、学習到達度等に応じ、指導方法・教材や学習時間等の柔軟な提供・設定を行うこと**」（文部科学省, 2021）としており、目標達成のための経路（学び方）を柔軟化し複数設定することは特別支援対応の児童生徒に限らず全ての児童生徒にとって有益な手段となります。通常学級での特別支援教育の展開は「究極の個別最適化の学び」といえます。「個別最適な学びは推進するが、特別支援の合理的配慮にまで手が回らない」といった発言は成り立たないわけです。「一人ひとりの教育目標やそこに至るプロセスは異なる」という大前提も忘れてはいけません。それに向かう道筋は異なって然るべきで、その道筋を進むための最初の手立てであり、一丁目一番地の手立てが「合理的配慮」です。他児と比較する必要もなければ、そもそも比較できないはずです。「平等」や「みんな一緒」は「同じ学び方で学ぶこと」を指すのではなく、「一人ひとりの個に応じた教育可能性を担保すること」を指しています。

　合理的配慮の説明で「眼鏡をかけている人に『あの子だけずるい』って言わないですよね？」といったものがよくあります。これも半分は納得できるものの半分は誤解を生みます。仮に近眼を例にとるなら、コンタクトレンズをつけるには処方箋が必要ですが、教育における合理的配慮に診断は必要ありません。個別に行う支援の程度の違いが合理的配慮ではありません。

　眼鏡に処方箋はいりませんが、そもそも配慮は「近視」という診断に対して行われるものではなくて、「近視」によって生じる「社会的障壁」に対して行われるものです。

第 6 章　学習環境を査定する——読み書き障害における合理的配慮や個別最適な学び

つまり、社会的障壁を取り除く取り組みであれば、直接「近視」の病理的背景に限定する必要はありません。皆が見えやすい席の配置を考えたり、印刷媒体を工夫したり、そもそも板書の負荷を変えたりしてもいいわけです。

　さらに前述したとおり、合理的配慮はすぐに誰もがアクセスしようと思えばすぐにアクセスできるものでないといけません。席の配置の工夫や見やすい印刷物の工夫による恩恵はきっと近視の子どもだけではないでしょう。その結果、授業の進行もよくなるので先生にとってもメリットになります。そして誰もがアクセスでき、その結果、一人ひとりの困難さを感じる場面ができる限り少ない教育環境を実現することができます。

　多様な特性に応じた教育を 2 階建て 3 階建ての家に例えると、この合理的配慮はその 1 階部分に相当します（場合によっては家の基礎工事部分といっても過言ではありません）。よく個別指導計画に「環境調整」ということばが記載されますが、「環境調整」は単にソフトやハードを整える側面だけでなく、複数の学び方を事前に準備し、それを自己選択できる教育システムを事前に構築しておくことも含まれます。また、大人（教師側）のことばかけとその質といった面も含んでいます。

　合理的配慮は欧米によって一般的にカリキュラム自体を変えてしまうモディフィケーション（modification）ではなく、リーゾナブル・アコモデーション（reasonable accommodation）での対応が望まれます。しかしこれはさまざまな特性をもった児童生徒も他の児童生徒と同様に教育を受ける権利保障があっての話であり、それを実現するインクルーシブ教育システムがあっての話です。本邦では、そもそも分離教育で異なるカリキュラム（障害に応じた）で進んでいたわけで、今までの教育体制では単に「できない子」「問題の多い子」と片付けてきた子どもたちへの教育システムの反省と再構築が並行して必要になっていることは言うまでもありません。

　つまり本邦においては合理的配慮の観点の前にインクルーシブ教育を体現するカリキュラムの在り方については学校全体、地域全体で考えておく必要があるわけです。合理的配慮は今の教育システムを「守る」ためのものではなくて新たに「創造」するインクルーシブ教育システムのために提供されるものです。「できないから配慮する」ではないわけです。「できないから配慮する」は「できること」が個人の責任に転嫁されかねません。合理的配慮の提供義務は差別解消法の重要部分であり、インクルーシブ社会実現に向けた中核的な手段といっても過言ではありません。まだまだ誤解が多いのも現状です。通常、意識（空気感）が変わり、文化・慣習として根付き、それが法として整備されるのが望ましい形だと思いますが、本邦では、それらを全て同時に行っている

103

「混沌期」にあるといえます。

「通常のカリキュラムに障害のある児童生徒が無理なく参加するための手段方法として合理的配慮が必要」という前に、「通常のカリキュラム」が誰にとっての「通常」なのかもう一度考えてみましょう。

(3) 文部科学省における合理的配慮の指針

学校現場における「合理的配慮」に関してすぐに思い浮かぶのは「試験における合理的配慮」ではないでしょうか。本当は、まずこのイメージから変えていかないといけないと思います。入試における合理的配慮は、日々の教育活動における合理的配慮の延長線上にあるものです。試験の時に初めて合理的配慮を考えるのではなく（現状では試験の時「だけ」は認められません）、日々の学習を支える環境整備の1つとして合理的配慮が提案されている状況が必要となります。

まず、文部科学省の合理的配慮の定義を見てみましょう。（合理的配慮とは）「障害のある子どもが、他の子どもと平等に「教育を受ける権利」を享有・行使することを確保するために、学校の設置者及び学校が必要かつ適当な変更・調整を行うことであり、障害のある子どもに対し、その状況に応じて、学校教育を受ける場合に個別に必要とされるもの」であり、「学校の設置者及び学校に対して、体制面、財政面において、**均衡を失した又は過度の負担**を課さないもの」となっています（文部科学省, 2019）。

合理的配慮の判断

では合理的配慮提供の判断基準について検証します。まず、文部科学省の定めた「合理的配慮の判断」（27文科初第1058号）の主要な項目は以下の6点です（文部科学省, 2015）。

(1) 意思の表明がある

合理的配慮提供には、社会的障壁に直面する当事者からの合理的配慮提供の意思の表明が必要となっています。ただ、子どもたちの年齢を鑑みれば自分の困っている実態や状況に気付くことが必ずしもできるわけではなく、さらに追い込まれていれば追い込まれるほど余裕がなくなり配慮要請は難しくなります。さらに欧米とは歴史的に権利主張に関する文化が異なる本邦ではそもそも言い出しにくく、この合理的配慮を「本人から

第 6 章　学習環境を査定する──読み書き障害における合理的配慮や個別最適な学び

希望しないといけない」というのが 1 つのハードルになっています。合理的配慮は徹底的に追い込まれてから提供されるのでは遅いのです（当然その段階でも必要です）。

　合理的配慮提供の意思表示に至るまでには（あるいはそれが可能となる土壌の育成には）①一人ひとりの苦手さを含めた状態とその背景を前向きに本人が知ることができる、②苦手さとその背景を本人のみならず保護者や教員が共通認識を形成することができるが前提になります。さらに③本人（当事者）が利用できる教育資源がある、④実際に「おためし」で使用して本人が効果を実感することができるかが必要となります。申請するのは本人（あるいは保護者）ですが、そこに至るまでの提案が学校からできるのが望ましいです。

　さらに大前提として当事者の効力感を損ねない形で「（配慮してと）言っていいんだ」という教室での空気感が必須です。「わがままと合理的配慮は程度の違い（同列）」などというとんでもない考えが微塵も存在しない心理的安全性の担保された関係性が必須です。「本人から言ってこないから配慮しなかった」という前に、インクルーシブな教育環境構築の第一歩として意思表明できる環境にあるかどうかを考える必要があります。その上で「本人が前向きに支援ニーズを自覚できる」状況を作る必要があります。これは「できない自分」を自覚させるのではなく、「こうやって工夫すればできる」経験の積み重ねに他なりません。

(2) 実施に伴う負担が過重でない

　この点も判断が分かれるところです。昨今（特に差別解消法改正後）、配慮を提供する最初の段階から予算ありきで負担過重と判断しないことが推奨されています。むろん、実施には金銭的負担を伴いますので実施者と提供する団体や法人、学校の規模によっても変わります。まずは経済的要因の前に「なぜ、合理的配慮が必要なのか」の意見と擦り合わせておくことが必要になります。少なくとも「多様な学びを準備する」「（教育目標の達成のために）個の特性に合わせて課題を工夫する」といったものが「負担が過重」と判断されることはありません。

(3) 目的・内容・機能に照らし、本来の業務に付随するものである

　学校であれば当然授業や学校生活全般に関するものになります。ここで大事なことは授業の目標、一人ひとりの教育目標がどこにあるかを明確にしておく必要があります。個別の指導計画や教育支援計画に踏み込むことが大事です。合理的配慮は「学びの見た

105

目」をそろえるためのものではありません。教育効果をできる限り引き出すためのものです。そこに直接関連するかどうかが提供の基準になるといっていいでしょう。高等教育機関では障害のある学生の権利保障が本邦でも進みつつありますが、その背景には、①独立した支援部署の存在、②ポリシーが明確であり教育目標達成のためのプロセスを個別化しやすいという側面が大いに影響しています。

（4）教育・研究の目的・内容・機能の本質的な変更ではない

　この点も特に言及する必要はないと思いますが、合理的配慮が到達すべき教育目標達成に至る障壁除去のためにある以上、本来の教育の目的自体を変えるのは本末顛倒となります。前述しましたが、宿題に関する配慮では「合理的配慮の1つとして『宿題できなかったらしなくていいよ』とした」といった発言を聞くことが稀にありますが、これは合理的配慮ではありません。学習意欲の観点からみても教育的配慮に欠けますし、本来宿題が教育目標の達成に必要として出しているのであれば、この行為自体が差別となりかねません。できないことを無理やりやらせるのは論外であり、一人ひとりの特性を鑑みて本来の教育目標を達成しうる宿題に読み替える必要があります。その前に本当に宿題が必要かどうかを考えておくことも大事です。なお、宿題の工夫は実施が過重となりませんし、本来の業務に付随するものであることも言うまでもありません。

（5）根拠資料がある

　よく勘違いされますが、「根拠資料がある」＝「医学診断がある」ではありません。医学診断は効果的な合理的配慮を提供する上で重要な情報になりますが、必須の条件ではありません。繰り返しになりますが合理的配慮は診断名に対して行われるものではなく、社会的障壁の除去を目的として行われるものです。「状態像の客観化と社会的障壁の関係を示す客観的な資料」ということになります。

　大学生に対する合理的配慮に関する「根拠資料の定義」（東京大学 PHED）では、「根拠資料は学生の特性や状態（機能障害を含む）を記述したものであり、客観的な学生理解に資するもの」（一部略）とあります。

（6）障害者、第三者の権利利益を侵害しない

　最初に断っておきますが、この第三者の権利利益に関しては第三者の学習権を侵害するものを念頭に置いており、（義務である合理的配慮を提供すると）「ほかの児童生徒、そ

第 6 章　学習環境を査定する──読み書き障害における合理的配慮や個別最適な学び

の保護者から『どうしてあの子だけ（特別扱いするのか）』といった不満が出るから」という的外れな理由を「ほかの児童生徒と公平性を欠くから」と言い換えて主張しても（この言い換えも成り立っていませんが）この項目に該当するわけではなく、合理的配慮の不提供の理由にはなりません。現状の典型発達にとって有利な（インテグレートを前提とした）教育制度に対して、障害による不利益を生じている場合は積極的な対応が求められており、その部分で「あの子だけずるい」は法律の上でも担保されているわけです。

③ 読み書き困難における合理的配慮の現状と今後の姿

　現在の読み書き障害に対する合理的配慮は、通常学級の教科教育を受ける上で学習面のつまずきをもつ児童が（現行の教育の枠組みを変えることなく）「ついていくため」の配慮が中心のように感じられます。①読み書きをはじめとする基礎的学習スキル（弱さの中核）自体の補完、②基礎的学習スキルの課題によって生じる学習機会・学習経験の補完といったものが中心であり、1 つの教育目標に対して多様な学習手段を保障するといった観点はまだまだ薄いといっても過言ではありません。

　学習面の課題は残念ながら障害の有無にかかわらず、一人ひとりの資質・努力不足の問題とされることが多い現状にあります。前述のとおり合理的配慮は欧米ではリーゾナブル・アコモデーションが中心であり、本質的な制度の変更や大幅な調整をともなうモディフィケーションは含まないとされていますが、それは多様な学びが保障された状況で初めて成り立つものです。学習面のつまずきに対する合理的配慮を考える上では、まず前提条件として、一人ひとりの特性に応じた多様な学びを保障する授業のユニバーサルデザイン化が必須です。デジタル教科書や ICT 機器の活用も現状では基礎的学習スキルの補完（リーゾナブル・アコモデーション）としての利用が中心になっているのが現状です。音読流暢性の代償としての読み上げソフト、ノートテイクの代わりとしてのカメラやタブレットの使用など、もちろんこれらも必要ですが、まず、学び方（学習方法・機会・過程・教材）の多様化を保障し、その手段として ICT の活用があることを認識する必要があります。「できないから配慮する」ではなく、キャリア教育の視点に立って「なりたい自分」に向けて今何が必要かトップダウンで短期目標を設定し家庭・学校・多職種で共有することが必要です。

　「デジタル教科書か紙か」といった話もよく出ますが、両方渡しておいて「使い方」

を一緒に考えていけばいいと筆者は思っています。また同じツールでも目的や用途によって使い方を工夫し一緒に学ぶ必要があります。小学校低学年で読み困難があれば、二次的な語彙力低下を少しでも軽減するためにも広く新たな知識に触れるきっかけを作る必要があり、デジタル教科書や幅広くデジタルコンテンツに触れることは有効な手段となるでしょう。学びの意欲が高い子どもには e-pad（広島大学氏間研究室）のような多機能なデジタル教科書を活用するのもあります。中高生になって「明日の授業が不安……」であれば、BEAM（NPO法人エッジ）を活用するといったこともあくまで活用の一例ですが選択肢になるでしょう。

　ここでご理解いただきたいことは、① ICT導入は目的ではなくあくまで手段であり、それぞれのツール導入にはフィッティング（一人ひとりの特性に応じた使用法と活用法の検討と検証）が必要であるということ、② ICTを単なるスキルの補助手段にするのはもったいないということです。

　受験に際しての配慮は時間延長（大学入試センター試験に合わせて 1.3 倍［基本的に高校入試の配慮は大学入試に準拠］）だけでなく、多岐にわたります。「PCやタブレットを入れたから」「フォントを変えたから」「時間を配慮したから」いいのではないかといった考えにもつながりかねません。やったらおしまいではないのです。必ず振り返って「（配慮提供によって）当初の狙いは達成できているか」といった効果検証も忘れてはいけません。

・事例──「提供すれば終わり」じゃないよ

「時間だけ伸びても……」

　高校入試を事前に控えた生徒の支援をしていた時の話です。高校入試に向けて所見を整え学校の先生とも話をつめて、試験に伴う合理的配慮申請を準備していました。そんなある日のこと、その生徒の保護者から連絡がありました。内容は「本人が合理的配慮の申請を辞めたいと言っている」ということで、筆者から本人に対してその意図を確認することになりました。

筆者「ちょっと聞いたんだけど、『試験の配慮申請もういい』って言ったの？」
生徒「うん……、もういいかなと思って……」
筆者「よかったらなんでか教えてくれないかな？」

　その時に生徒がもらした一言が「時間だけ延びても……」でした。そもそも読み書き

第 6 章　学習環境を査定する──読み書き障害における合理的配慮や個別最適な学び

に困難さを抱える児童生徒にとって、試験は長時間にわたって苦手な作業を繰り返さないといけないわけです。作業量は同じであってもその作業の遂行に必要となるいわゆる認知資源の消費量は比べものになりません。第 3 章で述べたようにディスレクシアは読解の第 1 段階であるデコーディング（文字を音に変換するプロセス）の問題であり、その後の意味を処理するプロセスは比較的保たれています。しかしながら最初の一歩でヘトヘトに疲れてしまっていてはそのプロセスに十分余力が残りません。本来ならば読み上げがベストです。

　実は「時間さえ延長すればいいだろう」（もちろん延長がないよりあった方がいいですが）という考え方は適切であるとはいえません。本人にしてみればそこまでしんどい思いをしながら保護者や多くの大人が自分のために動いてくれているそこに申し訳なさを感じて「そこまでしてもらっても申し訳ないし、いいよ」というような発言につながったというのがこの時の真相でした。

　似たような状況で合理的配慮の申請を諦めてしまう児童生徒は決して少なくありません。その時本人には（保護者や担任の先生とともに）、①配慮申請は君が当然行使すべき権利であること、②決してこれで全ての問題が解決するわけでない、そのことを周りの大人がきちんと理解しているというメッセージを送りました。

　結果的には合理的配慮を受けて試験に臨みました。本章で述べたように合理的配慮は提供したらそれで終わりというものではありません。提供された合理的配慮は提供した側が必ずその効果を検証していかなければなりませんし、合理的配慮によって障害そのものがなくなるものではないということをしっかり心に刻んでおきましょう。未来ある児童生徒がこのような気持ちにならないようにしなければなりません。

第7章

事例編

最後に今まで解説してきた読み書きの困難さに関していくつかの事例を取り上げていきたいと思います。それぞれの事例は過去の経験に基づき架空事例を構築し、さまざまな実態を取り混ぜていることをご留意ください。

繰り返しになりますが対象の子どもと向き合う時は「同じ困り感であっても背景が全く同じ子どもは1人として存在しない」「一人ひとりが向かう先は一人ひとりそれぞれあっていい」という前提を忘れないようにしてください。

1 読み書きの困難さの背景はさまざま

（1）事例1　ノートのマス目が見にくかったAさん

Aさんは小学校1年生の女の子です。性格はすごく生真面目で友達関係も豊かで人と話をするのが大好きでした。しかし、ノートを取るのが遅い、漢字を書くのにものすごく時間がかかる子どもでした。1年生の最初のころは保護者の言うことにも素直に従ってくれる子どもだったこともあり、そのうち良くなるだろうと保護者は考えていました。ただ3学期になって、特に漢字の宿題をする時に「ものすごく疲れた様子」を見せるようになり、相談に至りました。知的発達は標準範囲内（100±1SD）上位の成績であり、年齢相応の文法の理解力や語彙力があるという検査結果を示していました。その上で読み書き到達度の検査結果はひらがなの読み書きでは問題がなく（標準誤差範囲内）、漢字で同年代の子どもに比べて低下していました（平均から-1.5SD以下）。カタカナに関しては読みには問題がなく、書きについては若干低下を示している状況でした。さらに実態を掘り下げていくと見たものを捉える力はありそうですが（模写はできる）、それを覚えて取り出すプロセスが入ると効率が一気に悪くなりました。この結果を踏まえて本人と相談の上（同意を得た上）で、「自分自身にあった文字の学習方法を覚えよう」といわゆる音声言語の長期記憶力を活用する「口唱法」の指導を行い、まずカタカナをきっかけとして始めました。最終的にフォローは1年生の学年配当の漢字の覚え方を一緒に学習するところまで実施し、ある程度生活の中で「あ、この方法だったらいけるかも」と本人が思えたところで介入を終了しました。

【この事例からわかること】

このAさんの事例にはいくつかのポイントがあります。小学校低学年の段階では「まだまだ勉強が始まったばかりだから」と困り感が見逃されやすいこと、またフォーマル

第7章 事例編

なアセスメントにおいても明らかな結果となりにくいことがあります。こういった傾向は特に読み書き以外の能力が高い子どもの場合で顕著に現れます。日常生活場面の丁寧な読み解き（可能なら学校で実際に本人の学習場面を観察するなど）が必要になります。アセスメントの部分では単に集団の中での比較ではなくて、個人の中での能力間の比較が重要になります。さらにAさんの場合、実は記録を読み返していくと1年生の早いうちの聞き取りで「ノートのマス目が見にくい」（実際にノートの破線と破線をまたいで文字を写して書くといったこともありました）、「疲れる」といったエピソードが確認されていました。適切なインフォーマルアセスメントを実施できる目を養っておくことが問題を看過しない支援者としての資質といえるかもしれません。

（2）事例2 「くま先生は元気です」記念に絵を描いてくれたBさん

　最初の事例を読み解くと「小学校早期の段階で読み書きの混乱さに介入するのはなかなか難しい」と思う方も多いと思います。実際難しいのも事実です。ではどこから介入できるのかというとあくまで筆者らの経験になりますが、いわゆる就学前6歳の段階であれば明らかな読み書きの困難さを示す児童に対しては十分介入可能であると考えています（水野他，2012）。小学校入学前に介入ができる事例の共通点として「ことばの発達（聴覚的理解）がある程度しっかりしていることで、書きことばの到達度が浮き彫りになりやすい」ということが挙げられると思います。

　Bさんは、やりとりも上手でことばの発達も良好（言語発達遅滞検査では上限を突破）でした。ではなぜそもそも相談に至ったのかというと、偶然にも弟が診察にかかっていたため、そこで相談したという経緯でした。Aさんと同様で視覚情報処理の問題を併せもっていました。小学校入学前ですので、ひらがなの読み書きのデコーディングとエンコーディングの効率を上げる支援を行っていきました。小学校に入るころには読み書きの不安をある程度払拭することができたと思います。なお、指導が終わる際にBさんが筆者の似顔絵として「熊がネクタイをしめている絵」を送ってくれました。これは大事な思い出です。これだけユーモアをきかせることができて人とやりとりできる子どもが、ちょっとしたことで不安を抱えたまま小学校に行くのは避けたいです。

【この事例からわかること】

　早期に介入することには利点とリスクがあります。この事例で注目すべき点は相談に至った経緯ではないでしょうか。同様な事例は散見され、「発音」の相談がきっかけであった事例もあります。言い換えればこの段階で読み書きだけにターゲットを当てるこ

とはかなり難しいといえます。ただ明らかに話しことばと書きことばに対する興味関心と自身の程度に違いがある場合には、一歩踏み込んだ介入が必要であり、その介入効果がその後の小学校生活を大きく支える可能性を秘めています。第2章と第4章で述べた環境調整の在り方を実践しつつ読みやすさに関するきっかけを少しつかむだけでもヒントを与えておくとよいと思います。

（3）事例3　指導の開始までにルーティーンがたくさんあるCさん

　Cさんは小学校4年生になるころに相談にやってきました。小学校3年生が終わるころの保護者面談の際に学習面の困難さを先生から指摘され、保護者が驚いて（勉強は苦手だと思っていたけれどもそこまで深刻なものとは思っていなかった）相談に至ったという経緯です。Cさんは、相談室で独特のルーティンがありました。一通り部屋を確認し、窓や机を触って確認してから席に着きます。読み書きの困難さ以外にもいわゆる感覚の過敏性や鈍麻といったものを抱えていた子どもでした。もともと出生の時のリスクもあり発達のフォローがなされていた児童でもあります。調べていくと確かに読み書きの困難さは顕著ですが、いわゆることばの発達の中で読み書きだけでなく「語彙力」の低下も顕著な児童でした。この児童に対しては、まず語彙力に介入しようと相談し「ことばとして知っているイメージができる」ものをより定着させ、ことばの運用力を上げていく、さらに結果として漢字熟語の読みの改善を図るという戦略を立てました。本人のことばの意味を処理する能力を、丁寧に把握し負荷がかかりすぎない範囲で漢字熟語の読みと意味を1つずつ確認していくといった手続きをとりました。介入早期の段階から「聞いて理解する程度に漢字を読むことができる」ところまで効果を認めることができました。

【この事例からわかること】

　この事例のポイントもいくつかあります。まず、対象がさまざまな主訴をもつ場合、目に付きやすいものによって本来の困り感が隠れてしまう（この事例であれば他の発達障害の特性が目立ち、読み書きに注目されにくい）こと、さらにその目立つ特性によって誤った解釈がなされる可能性がある（つまり読み書きの困難さは他の発達障害特性の影響であると判断される）ことでしょう。フォーマルなアセスメントを紹介した章（第5章）にも書きましたが、知的な発達がボーダーラインや軽度の遅れがあるというのも1つの状態像であって、その子どもたちの読み書きの弱さが全て知的発達だけで説明できるとは限らないわけです。言い方を変えれば知的に遅れがあってもその知的発達から説明

第7章　事例編

できないような読み書きの問題がある場合、読み書きに特化した背景要因を掘り下げていく必要があります。

　もう1つのポイントは「読み取り語彙の関係」です。聞いてもわからないものは文字で示されてもわかりませんし、読めないものはおそらく書けないでしょう。つまり読み書きの基盤として頭の中でのことば（語彙）の辞書をしっかり作っていき、それを戦略的に活用する場面を使うことが必要であることを示した事例でした。単に検査結果として表面上現れる「読みと書きの正確さと流暢さ」だけを見ていても結果はついてこないということを示唆しているといえます。

　さらに意識しておきたいことは、読み書きをはじめとする学習の問題は学年が上がるに従って背景となる要因が複雑になり、その結果本人の努力や意欲の問題と置き換わる可能性も大きくなります。

(4) 事例4　みんなと同じ覚え方をしたいDさん

　Dさんは読み書き困難で教育相談に通っている小学校2年生の男の子です。実は学校の中で読み書きの困難さを周りの友達に冷やかされることがあり、その後不登校傾向にもありました。本人から「僕もある程度読み書きができるようになりたい」と希望があり評価介入を行った後の話です。ある程度カタカナや漢字の読み書きができるようになった段階で、本人は自信をもって学校に行くようになりました。変化に驚いた小学校の担任の先生が教育相談に来てくれました。担任の先生が「学校の中で配慮しておくべきことを教えてください」とのことでしたので、筆者からは「授業の中で本人の様子を見た時に『君の覚え方かっこいいね』と言ってもらえますか」とお願いをしました。

【この事例からわかること】

　この事例では、個別の支援の中で本人の認知特性に合わせた文字の学習の仕方を教えています。実は最初「みんなと違う覚え方は嫌だ」と言っていました。覚えることができる手ごたえを感じた後は「自分だけ違う覚え方をするのは恥ずかしい」と言っていました。本人とはじっくり話をして、「誰もみんな同じ覚え方をしているわけではないよ、そこは『みんなと同じ』である必要はないよ」ということを伝えました。「自分だけ違う覚え方は嫌だ」というよりは、みんなと「違う」ことへの不安が背景にあるわけです。単にスキルの介入にとどまるだけでなく、最初に行うべき環境調整は「一人ひとりに合った学習の方法を認めること」にあります。違うことを先生が肯定してくれると、その子の学習に向かうモチベーションは大きく上がっていくことでしょうし、この

115

環境調整はDさんの読み書き以外の学習にも影響を与え、クラスそのものの環境を変えることにもつながりました。第6章で触れていますが、①学び方の多様性を保障すること、②「わからないから教えて」がいつでも言える環境を整えておくことは環境調整の第一歩だと考えます。

(5) 事例5　おしゃべりと読み書きが苦手なEさん

　知的な発達や他の発達障害と読み書きの問題が合併することもありますが、それ以外の特性と合併する場合もあります。実際に吃音や緘黙症と読み書きの困難さを合併した事例もあります。Eさんは発達性吃音症と読み書きの困難さを併せもった児童で、しゃべることがとても苦手でした。そのため読みの困難さも「発話の苦手さ」に隠れて発見が遅れた経緯があります。文字と音の変換の効率を上げていく（デコーディング）練習をしたかったのですが、そもそもおしゃべりに課題を抱えているわけです。通常のやり方での口唱法にも影響がでます。筆者らも苦心してフレーズに置き換えるべきところを動作に置き換えながら、本人の状態に合わせて工夫をしました。

【この事例からわかること】
　この事例が示唆することの1つは「方法論ありきになってはいけない」ということでしょう。指導方法ありきではなく実態に合わせて工夫をしていかないといけません。工夫についても根拠に基づいたものでないといけません。良好に保たれたあるいは障害を受けてない学習経路を活用し、抑制がかかっている苦手さの原因となっている学習経路の負荷をいかに減らしていくかというところにあります。
　発音の問題（いわゆる構音障害）の場合であれば、読み書きの指導が発音にも良い方向で作用することもありますし、知的にややゆっくりしている人の場合、文字を介して音のイメージを高めていく（通常と逆の方向性）こともあります。指導法や指導の順序も実態と根拠に合わせて工夫をしていく必要があるということです。

事例についてじっくり語る
──特定のスキルに対する介入からなりたい自分のための介入

　この節では、乖離診断モデルによる介入のイメージと生活を見据えた教育支援の介入のポイントまでを解説していきます。

(1) 事例　優斗君

　優斗君（仮：9歳）と初めて出会ったのは、ちょうど2学期も終わりが見えてきたころの時期でした。少し不安そうに筆者の部屋に入ってきた時は、少し緊張気味にきょろきょろと興味深そうにあたりを見回していました。保護者に話を伺ったところ3年生になってから、だんだんと学習面についていけないことは増えており、最近では学校に行くことも少し嫌がるそぶりもあったようで心配していたとのことでした。2学期の面談で「次年度以降いろいろと考えていく必要があります」と担任の先生から学校での様子を伝えられ、相談機関に連絡があり筆者につながることとなりました。

(2) アセスメントの実際——行動観察より

・指導場面での様子

　筆者との距離感ややりとりは年齢相応にしっかりしており、行動観察上では社会的コミュニケーションの問題はなさそうです。さらに、本人と少し仲良くなった後で、教科書を一緒に読む機会をもつことができました。読みはたどたどしさがあり、決して速くありません。漢字の読み誤りが目立ちましたが、意味が近い熟語への読み誤りが多く、文章全体はなんとなくつかめているようです。内容を少し理解すると読みのスピードは上がりました。本人とすぐに打ち解け、「将来なりたいもの」を伺うと「機械いじりが好きなので自動車整備工になりたい」とのことでした。

・全体像の把握——全般的知的発達の評価

　まず全般的知的発達を明らかにするために、WISC™-IV知能検査を実施しました。結果はFSIQ96であり、明らかな遅れは認められませんでした。念のため学習状況に左右されにくいレーヴン色彩マトリックス検査（Raven's Coloured Progressive Matrices: RCPM）も実施しましたが、おおむねWISC™-IVのFSIQと結果が一致しています。つまり全般的な知的発達は当該年齢の平均から平均下位の段階を維持しており、学習困難は知的発達の問題とすることはできません。併せて実施したKABC-IIも認知処理尺度96±9に対して習得度尺度は71±7と顕著な「乖離」を示していました。まだこの時点では読み書き障害による学習困難と決め打ちするのは早い段階です。この「乖離」の正体を突き詰めるわけです。

117

・ことばの発達のバランスを見る

　読み書き困難が主訴ですからもちろん、読み書きスキルの到達度について検査を行います。ただ、読み書き困難の児童の臨床では最初に読み書きスキルから入ることは時に関係性を損ねる可能性もあるので、しっかりと関係性を構築してから行います。

　この時、読みと書きの正確性の評価は「小学生の読み書きスクリーニング検査（STRAW）」で行い、読みの流暢性の評価は「特異的発達障害診断・治療のための実践ガイドライン」（音読流暢性課題）と２つの課題（検査）を組み合わせて行いました。STRAW はひらがな、カタカナ、漢字、それぞれ学年ごとに 20 課題が設定されており、その正答数を指標として用います。音読流調性課題は音読所要時間を指標としています。ことばの発達のバランスを確認するために語彙力の評価を絵画語い発達検査（PVT-R）と標準抽象語理解力検査（SCTAW）で、文の理解の段階は失語症構文検査（STA）を用いて確認しました。

　STRAW の音読課題はひらがな 1 文字、カタカナ 1 文字、ひらがな単語、カタカナ単語の音読は全問正答（各 20 問）であり、漢字単語の音読課題は 16/20 正答でした。この結果では読みの正確性は問題なしという判断になります。書字課題はひらがな 1 文字 20/20、カタカナ 1 文字 16/20、ひらがな単語 19/20、カタカナ単語 13/20、漢字単語 6/20 でした。検査で示されている基準値と比較するとカタカナと漢字単語の書字課題で当該年齢の平均値から −2SD 以下の値を示しており、有意に低いとなりました。この STRAW の書字課題は書字正確性が確認できる利点がありますが課題数が少なく、検査語彙にも偏りがあるのでその点に少し注意が必要です。

　読みの流暢性に関しては、音読流暢性検査の無意味単語速読課題で 55.2 秒、有意味単語速読課題で 38.1 秒の音読所要時間となりました。無意味単語速読課題は有意な低下を示していることになります。読みの流暢性についても問題ありと判断できます。この読みの流暢性の問題は、担任の先生も気付いていませんでした。意外に見過ごされやすい側面といえます。

　絵画語い発達検査（PVT-R）の結果は評価点 10（生活年齢相応）でしたが、標準抽象語理解力検査（SCTAW）は 16/32 となりました。後者の語彙課題は抽象語に特化しており、語彙の質の差も 1 つ大きな手がかりを我々に与えてくれています。失語症構文検査（STA）は 9 歳で獲得される「やりもらい文」に相当する問題も全て正答し、関係節の問題も全問正答しており、おおむね年齢相応の文の理解力が備わっているといえます。

第 7 章　事例編

　検査結果を集約すると、文字の読みでは正確性に明らかな低下は認めていませんが、検査課題の特性も鑑みると漢字は注意が必要（平均 -1SD 近辺）、読みの流暢性は低下を示しています。書きではカタカナ、漢字で正確性の低下を認めています。語彙力ではPVT-R は年齢相当でしたが、SCTAW では 2 年程度の低下を認めていました。一方、文法の理解は達成が望まれる課題を全て通過しており問題は認められませんでした。

　追加で定性的な評価を深めるために既に学習した漢字熟語の音読を行ってもらい、その結果を分析すると、①全く読めない漢字は決して多くない（全体の 10 ％）、②典型的な読みでの正答率は高い（約 70 ％）、③意味に関連する読み誤りが多いといった状況でした。

　これまでの結果から、次の仮説が成り立ちます。学習面の困難さの背景に読み書き困難が最も大きく影を差し、どうにか読みスキルはキャッチアップをしてきたが読みの速さや書きにまでは手が回らない状況が今のスキルといえます。さらに対象児童の漢字の読み正確性の問題と語彙の問題は関連しており、語彙力低下が漢字の読みに影響したのではなく、漢字の読みと語彙に別々に苦手さを抱えているか、漢字の読みの困難さが結果として文字を通じた語彙の学習に影響（阻害）したのではないかと考えることができます。

　さらにいくつかの状況証拠を固め（仮説を支持する要因）た上ですが、この仮説であれば昨今の状況を全て読み解くことができます。学習困難の背景に読み書き困難があることの目星がついたこの段階で「読み書き」に手を入れることになります。

・読みや書きに関連する認知機能や学習経路に関連する評価

　次に読み書き困難の背景を突き詰め、悪さをしていた認知機能を迂回する形で、併せて保たれた学習経路を明らかにし効果的な介入を企図します。

　包括的領域別読み能力検査（CARD）や大阪医大版音韻処理能力課題の結果から音韻処理能力の弱さは示唆されていました。しかしながら、聞いて覚える力、聴覚言語性の記憶は良好に保たれていました。聴覚言語性の記憶は、Rey Auditory Verbal Learning Test（RAVLT）という課題を用いて評価しました。15 個のよく知っている単語を繰り返し言って覚えてもらい自由再生します。5 回繰り返した後、干渉課題（別の 15 個を覚えます）を行い、30 分後に遅延再生を行います。結果、初頭再生5/15 とやや少なめでしたが最大再生 13/15、30 分後の遅延再生で 13/15 可能でした。

119

視知覚や視覚認知、視覚性記憶といった視覚情報処理の評価として、立方体透視図の模写と Rey の複雑図形検査（ROCFT）を用いました。立方体の模写は平板な絵で細部が分離していました（まとまりがないイメージ）。典型的な書きの苦手さのある子どもたちはつい細部を一生懸命捉えようとした結果、全体的なバランスが悪くなる傾向があります。ROCFT は模写の成績と再生、遅延再生の成績を比べることで視覚性記憶の学習効率を見ることができます。今回、模写 33/36、直後再生 8.5/36、30 分後の遅延再生 7.5/36 でした。つまり、見て書いたものの 30 ％程度しか頭の中にとどめておくことができず、必要に応じて取り出すことができなかったとなります。また模写は比較的良好に見えますが実は 15 分以上の時間を要していました。このことから効率よく対象を捉えて特に「思い出す」（視覚性記憶［特に再認］）のに課題があることがわかります。おそらく漢字が「書いても覚えられない」の原因になっていたのでしょう。また「話して聞いて学習する聴覚言語性の学習効率」（RAVLT）と、「繰り返し書いて覚える視空間性記憶を活用した学習効率」（ROCFT）を比較すると明らかに「見て書いて学習する」よりも「繰り返し聞いて学習する」ことが優れているとわかります。

（3）支援の方向性（スキルへの介入）

　本人も希望する学習困難の状況を改善するため、その中核である①カタカナ書字正確性と流暢性の向上（漢字学習への活用も視野に入れて）、②漢字の読み正確性の向上としました。①に関しては 100 ％を目指しますが、課題を通じて「こうやって工夫したらできるんだ」と自分自身の認知特性に気付くことも狙いとしています。

　読み全体の流暢性は①②の指導を通じてある程度向上すると考えました。当面の目標を設定した根拠は、①はコミュニケーション言語の観点からも習得必須であり、また対象児の状態を鑑みれば早期（3M：開始 3 か月程度）に達成可能であると考えられ、また今後の漢字学習を行う上で新たな文字の覚え方（学習方略）を習得する役割を果たすことができるため設定しました。ついで漢字の読みを書きよりも優先したのは、読み→書きの順序性と、対象児の学校での「授業についていけない」「先生の話がわからない」といった主訴を考慮しました。対象児童は比較的にことばと意味を結びつける意味処理能力が潜在的には高く、漢字読み指導を通じて語彙力や読解力を底上げする効果も併せて期待できると考えたからです。

　指導方法についても基本的に既に対象児が失敗している「繰り返し書いて覚える」といったスモールステップトレーニングは選択せずに、アセスメント結果に基づいてカタ

カナの書字は良好に保たれた音声言語の長期記憶力を活用する学習方法である「口唱法」（川﨑・宇野，2005）を採用しました。50音の音韻系列や文字の形を音声言語化して学習し、それらを文字の形の想起の手がかりにする方法です。

　同じく、漢字の読み指導については実際の漢字の用例と用例の絵（叙述絵）をセットで学習し、意味や実際の用例など運用と結びつけて学習させる方法を採用しました。漢字の読み指導では、漢字の意味や用例を手がかりとするため、訓練対象の文字は語彙力を考慮して小学校2年の学年配当漢字を選択しました。介入の結果、ターゲットとした漢字の習得は促進され、その効果は長らく維持することとなりました。

（4）その後の支援（読み書きスキルに対する介入から　　　キャリア教育的観点に立った介入へ）

　実は読み書きスキルに対する介入は一定の段階でストップしました。もちろん保護者本人と相談の上です。具体的には、①中学校に入るまでで読み書きに対しての直接的な指導をストップしよう、②高校以降の進路を先に想定して必要な学習のスキルを中学校の3年間で戦略的に獲得しようといったものでした。

　そして本人の進路の希望にあわせて、①小論文を書く力（文章を構成する力）を高めたい、②自分の好きなコンテンツのサイトや本を読み進めることができるようになりたい、③メールを使って人とやりとりがしたいといったものが目標となりました。特に①②に関する目標を達成していくため、中学校入学以降はトップダウンでの読み方略獲得や文章構成のスキル形成の支援に重きを置きました。余談ですが、その後高校入学が決まったことをメールで筆者に伝えてくれました。「読み書きは苦手だけど僕は国語が得意だ」と言ってくれていたそうです。読み書きの苦手さもライフステージやその人の目指すものによって大きく位置付けが変わります。その視点の重要性を示唆した事例といえます。

あとがき

　本書は専門書のカテゴリーではあるものの小中学校の先生、通級指導担当の先生、言語聴覚士や心理士として学習面につまずきのある児童生徒と向き合う可能性のある方が、まず目にしておくべき本、として執筆しました。

　「ディスレクシアかどうか」といった診断名にこだわるのではなく目の前の困り感に寄り添う。目新しい用語で注目を向けるのではなく実態とその背景に目を向けてもらう。特定の指導法や流行りの考え方に左右されるのではなく実態に応じた対処法を選択する。そういった考え方や方向性をもって執筆いたしました。

　本書をお読みになる先生方の立場や職種も多岐にわたると思います。また、できる限り間違いの少ない現場を見据えた基本の情報と考え方ですので、お読みになられた方の中には情報量の不足や、違和感を生じることもあるかもしれません。読み書き困難の背景要因は多様であり、子どものおかれた環境も1人として同じではありません。また、本書執筆に2年かかり（その間で私自身の職場の異動もありました）、その2年の間でも大きく知見が揺らいでいます。この本に書かれていることが5年10年後には揺らいでいることも少なくないでしょう。つまりこの領域は日進月歩で進化しており、支援者は常にアップデートが必要です。

　同じ診断名であってもその人の抱える環境や将来の目標によってもアプローチは変わります。当たり前のことですが、学校は診断するところではなく教育を行う場所であり、家庭は訓練機関ではありません。

　障害名ではなく目の前の困難さ、読み書き困難という状態像を改善することがゴールではなく、あくまで一人ひとりの目標達成における手段であることを意識しておきたいと思います。そういった姿勢が当たり前になる日を願っています。

　本書執筆にあたりご支援いただきました小野寺百合子さん、岡山大学病院言語聴覚士の古西隆之さん、福岡リハビリテーション病院言語聴覚士の西友希さん、大谷さんに心より御礼申し上げます。

　　　　　　　令和6年8月11日　　　　立命館大学産業社会学部　　川﨑聡大

文献

第 1 章

American Psychiatric Association (2013). *Diagnostic and statistical manual of mental disorders, 5th ed.* Washington, DC.（高橋三郎・大野裕監訳　染矢俊幸・神庭重信・尾崎紀夫・三村將・村井俊哉訳（2014）. DSM-5 精神疾患の診断・統計マニュアル. 医学書院.）

文部科学省（2003）.「通常の学級に在籍する特別な教育的支援を必要とする児童生徒に関する全国実態調査」調査結果（2002 年度）. https://www.mext.go.jp/b_menu/shingi/chousa/shotou/054/shiryo/attach/1361231.htm（2024 年 3 月 6 日閲覧）.

文部科学省（2007）. 特別支援教育の推進について（通知）. https://www.mext.go.jp/b_menu/hakusho/nc/07050101/001.pdf（2024 年 3 月 6 日閲覧）

文部科学省（2012）. 通常の学級に在籍する発達障害の可能性のある特別な教育的支援を必要とする児童生徒に関する調査結果について（2012 年度）. https://www.mext.go.jp/a_menu/shotou/tokubetu/material/__icsFiles/afieldfile/2012/12/10/1328729_01.pdf（2024 年 3 月 6 日閲覧）.

文部科学省（2015a）. 全国調査の結果による市町村・学校のサンプリング手法及び教員等に対する補完的な追加調査を実施・活用する調査分析手法の調査研究〈国立大学法人お茶の水女子大学〉https://www.mext.go.jp/component/a_menu/education/micro_detail/__icsFiles/afieldfile/2015/12/10/1365027_3_1.pdf（2024 年 4 月 8 日閲覧）.

文部科学省（2015b）. 国や市町村等が保有しているデータを補完的に用いた調査分析手法の調査研究〈国立大学法人横浜国立大学〉https://www.mext.go.jp/component/a_menu/education/micro_detail/__icsFiles/afieldfile/2015/12/10/1365027_4_1.pdf（2024 年 4 月 8 日閲覧）.

Uno, A., Wydell, T. N., Haruhara, N., Kaneko, M., & Shinya, N. (2009). Relationship between reading/writing skillsand cognitive abilities among Japanese primary-school children: normal readers versus poor readers (dyslexics). *Reading and Writing, 22*, 755-789.

Weintraub, K. (2011). The prevalence puzzle: Autism counts. *Nature, 479*, 22-24.

第 2 章

Bellini, G., Bravaccio, C., Calamoneri, F., Cocuzza, M. D., Fiorillo, P., Gagliano, A., Mazzone, D., del Giudice, E. M., Scuccimarra, G., Militerni, R., & Pascotto, A. (2005). No evidence for association between dyslexia and DYX1C1 functional variants in a group of children and adolescents from southern Italy. *Journal of molecular neuroscience, 27*, 311-314.

Coltheart, M., Rastle, K., Perry, C., Langdon, R., & Ziegler, J. (2001). DRC: A dual route cascaded model of visual word recognition and reading aloud. *Psychological Review, 108*, 204-256.

Frith, U. (1985). Beneath the surface of developmental dyslexia. In K. Patterson, J. Marshall, & M. Coltheart (Eds.) *Surface dyslexia, neuropsychological and cognitive studies of phonological reading* (pp.301-330). Hillsdale, NJ. Lawrence Erlbaum.

福島邦博・川﨑聡大（2007）. 学習障害と遺伝子変異. 小児の精神と神経, *47*(1), 25-27.

Katusic, S. K., Colligan, R. C., Barbaresi, W. J., Schaid, D. J., & Jacobsen, S. J. (2001). Incidence of reading disability in a population-based birth cohort, 1976-1982, Rochester, Minn. Mayo *Clin Proc, 76*(11), 1081-92.

Kirby, P. (2020). Dyslexia debated, then and now: a historical perspective on the dyslexia debate. *Oxford Review of Education, 46*(4), 472-486.

国立国語研究所（1972）. 幼児の読み書き能力. 東京書籍.

水野奈緒美・川﨑聡大・後藤多可志・荻布優子・和泉慶子・伊藤和子（2012）. 流暢性の向上を目指した発達性：dyslexia 児一例のひらがな書字指導経過. 言語聴覚研究, *9*(3), 150-158.

文部科学省（2022）. 通常の学級に在籍する特別な教育的支援を必要とする児童生徒に関する調査結果について. https://www.mext.go.jp/content/20230524-mext-tokubetu01-000026255_01.pdf（2024 年 3 月 15 日閲

覧).

村石昭三・天野清（1972）．幼児の読み書き能力．国立国語研究所報告, *45*.

奥村智人・川﨑聡大・西岡有香・若宮英司・三浦朋子著　玉井浩監修（2014）．包括的領域別読み能力検査 (Comprehensive Assessment of Reading Domains：CARD)．ウィードプランニング．

太田静佳・宇野彰・猪俣朋恵（2018）．幼稚園年長児におけるひらがな読み書きの習得度．音声言語医学, *59* (1), 9-15.

島村直己・三神廣子（1994）．幼児のひらがなの習得—国立国語研究所の 1967 年の調査との比較を通して—．教育心理学研究, *42*(1), 70-76.

関あゆみ（2015）．治療介入法の考え方—シンポジウム 2：発達性読み書き障害（dyslexia）診断と治療の進歩：医療からのアプローチ—．脳と発達, *47*(3), 198-202.

上坂智子・野村純・村松成司・杉田克（2011）．発達性読み書き障害における DYX1C1 遺伝子保有率の検討．千葉大学教育学部研究紀要, *59*, 279-286.

Uno, A., Wydell, T. N., Haruhara, N., Kaneko, M., & Shinya, N. (2009). Relationship between reading/writing skillsand cognitive abilities among Japanese primary-school children: normal readers versus poor readers (dyslexics). *Reading and Writing, 22*, 755-789.

Watson, M. (2023). The Prevalence of Dyslexia-Natalie Houalla. https://dyslexiaaction.org.uk/2023/10/the-prevalence-of-dyslexia/（2024 年 3 月 7 日閲覧）

Wolf, M., & Bowers, P. G. (1999). The double-deficit hypothesis for the developmental dyslexias. *Journal of Educational Psychology, 91*(3), 415-438.

Wydell, T. N., & Butterworth, B. (1999). A case study of an English-Japanese bilingual with monolingual dyslexia. *Cognition, 70*(3), 273-305.

Wydell, T. N. (2023). Are phonological skills as crucial for literacy acquisition in Japanese as in English as well as in accounting for developmental dyslexia in English and in Japanese?. *Journal of Cultural Cognitive Science, 7*, 175-196.

第 3 章

Arindam, B. (2018). Explanation of Leaning Disorder from Cognitive Perspective. *JETIR, 5*(7), 837-842.

犬飼朋恵・下村智斉（2017）．筆跡の美しさが書き手の印象に与える影響．日本心理学会大会発表論文集日本心理学会第 81 回大会, 627.

松野隆則（2012）．手書き文字の感性印象と筆跡から推測されたおよび実際の書き手のパーソナリティ特性との関連について．昭和女子大学生活心理研究所紀要, *14*, 31-40.

惠明子・福田亜矢子・安村明（2019）．ひらがな単語聴写課題を用いた自閉スペクトラム症児および注意欠如・多動性障害児における書字形態の特異性．認知神経科学, *21*, 194-201.

荻布優子・川﨑聡大・奥村智人・中西誠（2019）．児童期における Rey-Osterrieth Complex Figure Test の発達経過とその尺度構成の検討．バイオメディカル・ファジイ・システム学会誌, *21*(1), 69-77.

大庭重治（2010）．通常の学級における低学年児童の書字学習状況とその支援課題．上越教育大学研究紀要, *29*, 151-157.

奥村智人・川﨑聡大・西岡有香・若宮英司・三浦朋子著　玉井浩監修（2014）．包括的領域別読み能力検査 (Comprehensive Assessment of Reading Domains：CARD)．ウィードプランニング．

Osterrieth, P. A. (1944). Le test de copie d'une figure complexe; contribution à l'étude de la perception et de la mémoire. *Archives de Psychologie, 30*, 206-356.

塩田由香・田中有希子・押木秀樹（1998）．書写指導の目標論的観点から見た筆跡と性格の関係について．書写書道教育研究, *12*, 40-47.

杉本明子（2022）．日本語ディスレクシア児の書字障害に関する研究—尺度構成ならびに認知障害とサブタイプの検討—．教育心理学研究, *70*(4), 347-361.

高橋純・長勢美里・中沢美仁・山口直人・堀田龍也（2015）．教員の経験年数や漢字指導法が児童の漢字読み書

きの正答率に及ぼす影響. 富山大学人間発達科学研究実践総合センター紀要, *10*, 53-60.

Uno, A., Wydell, T. N., Haruhara, N., Kaneko, M., & Shinya, N. (2009). Relationship between reading/writing skillsand cognitive abilities among Japanese primary-school children: normal readers versus poor readers (dyslexics). *Reading and Writing, 22*, 755-789.

Wolf, M. I., Bruchmann, M., Pourtois, G., Schindler, S., & Straube, T. (2022). Top-Down Modulation of Early Visual Processing in V1: Dissociable Neurophysiological Effects of Spatial Attention, Attentional Load and Task-Relevance. *Cerebral Cortex, 32*(10), 2112-2128.

Wydell, T. N. (2023). Are phonological skills as crucial for literacy acquisition in Japanese as in English as well as in accounting for developmental dyslexia in English and in Japanese? *Journal of Cultural Cognitive Science, 7*, 175-196.

第4章

Frith, U. (1985). Beneath the surface of developmental dyslexia. In K. Patterson, J. Marshall, & M.Coltheart (Eds.) *Surface dyslexia, neuropsychological and cognitive studies of phonological reading* (pp.301-330). Hillsdale, NJ. Lawrence Erlbaum.

本郷一夫 (2007). 発達心理学 保育・教育に生かす子どもの理解. 建帛社.

川﨑聡大 (2020). 言語発達の支援、コミュニケーション支援の在り方とその方向性. 発達支援学研究, *1*(1), 13-20.

川﨑聡大 (2021). 教育評価の視点から読み書き困難の支援を再考する：読み書き困難に関する研究の現状と課題. コミュニケーション障害学, *38*(1), 66-70.

川﨑聡大 (2022). 言語障害のリハビリテーション 読み書き障害. 総合リハビリテーション, *50*(11), 1339-1350.

太田静佳・宇野彰・猪俣朋恵 (2018). 幼稚園年長児におけるひらがな読み書きの習得度. 音声言語医学, *59*(1), 9-15.

島村直己・三神廣子 (1994). 幼児のひらがなの習得—国立国語研究所の1967年の調査と比較して—. 教育心理学研究, *42*(1), 70-76.

竹下盛・村井敏宏・栗本奈緒子・水田めくみ・中西誠・奥村智人・西岡有香・若宮英司・竹田契一 (2017). ひらがな単語聴写能力の発達的変化. LD研究, *26*(1), 80-86.

第5章

Baddeley (2002). Fractionating the Central Executive. In D. T. Stuss & R. T. Knight (Eds.) *Principles of Frontal Lobe Function* (pp.246-260). NY. Oxford University Press.

稲垣真澄・小林朋佳・小池敏英・小枝達也・若宮英司 (2010). 診断手順. 特異的発達障害の臨床診断と治療指針作成に関する研究チーム編 稲垣真澄編集代表. 特異的発達障害診断・治療のための実践ガイドライン—わかりやすい診断手順と支援の実際 (p.3). 診断と治療社.

Kaufman, A. S., & Kaufman, N. L. (2004). Kaufman Assessment Battery for Children Second Edition (KABC-II). (日本版KABC-II制作委員会 (2012) 日本版KABC-II. 丸善出版.)

川﨑聡大・奥村智人・荻布優子・石野絵美子・若宮英司 (2013). 学習障害検出におけるひらがな読み流暢性課題の意義：正確性に依存した読み書き困難検出の検証. コミュニケーション障害学, *29*(3), 224.

川﨑聡大 (2019). リテラシーの発達. 秦野悦子・近藤清美編. 発達心理学 (pp.98-110). 医歯薬出版.

北洋輔・小林朋佳・小池敏英・小枝達也・若宮英司・細川徹・加我牧子・稲垣真澄 (2010). 読み書きにつまずきを示す小児の臨床症状とひらがな音読能力の関連—発達性読み書き障害診断における症状チェックリストの有用性. 脳と発達, *42*, 437-442.

河野俊寛・平林ルミ・中邑賢龍 (2017). 小学生の読み書きの理解 (URAWSS II). atacLab.

Naglieri, J. A., &, Das J. P. (1997). Das-Naglieri Cognitive Assessment System (DN-CAS). (前川久男・中山健・岡崎慎治日本版作成 (2007). 日本版DN-CAS認知評価システム. 日本文化科学社.)

荻布優子・川﨑聡大（2016）．基礎的学習スキルと学力の関連—学力に影響を及ぼす因子の検討：第一報—．教育情報研究，*32*(3)，41-46.

荻布優子・川﨑聡大・奥村智人・中西誠（2019）．児童期における Rey-Osterrieth Complex Figure Test の発達経過とその尺度構成の検討．バイオメディカル・ファジイ・システム学会，*21*(1)，69-77.

奥村智人・川﨑聡大・西岡有香・若宮英司・三浦朋子著　玉井浩監修（2014）．包括的領域別読み能力検査（Comprehensive Assessment of Reading Domains：CARD）．ウィードプランニング.

奥村智人・三浦朋子（2014）．「見る力」を育てるビジョン・アセスメント「WAVES」．学研.

上野一彦・名越斉子・小貫悟（2008）．絵画語い発達検査（PVT-R）．日本文化科学社.

宇野彰・金子真人・春原則子・Taeko. N. Wydell（2006）．小学生の読み書きスクリーニング検査（STRAW）．インテルナ出版.

宇野彰・金子真人・春原則子・Taeko. N. Wydell（2017）．改訂版 標準 読み書きスクリーニング検査（STRAW-R）．インテルナ出版.

Wechsler, D.（2014）. Wechsler Intelligence Scale for Children-Fifth Edition（WISC-V）.（日本版 WISC-V 刊行委員会（2021）WISC-V 知能検査．日本文化科学社.）

Wolf, M., & Bowers, P. G.（1999）. The double-deficit hypothesis for the developmental dyslexias. *Journal of Educational Psychology, 91*(3)，415-438.

第 6 章

外務省（2014）．「障害者の権利に関する条約」の批准書の寄託 https://www.mofa.go.jp/mofaj/press/release/press4_000524.html（2024 年 3 月 15 日閲覧）.

文部科学省（2003）．「通常の学級に在籍する特別な教育的支援を必要とする児童生徒に関する全国実態調査」調査結果（2002 年度）．https://www.mext.go.jp/b_menu/shingi/chousa/shotou/054/shiryo/attach/1361231.htm（2024 年 3 月 6 日閲覧）.

文部科学省（2015）文部科学省所管事業分野における障害を理由とする差別の解消の推進に関する対応指針の策定について．https://www.mext.go.jp/a_menu/shotou/tokubetu/material/1364725.htm（2024 年 4 月 26 日閲覧）.

文部科学省（2019）日本の特別支援教育の状況について　8．合理的配慮の提供．https://www.mext.go.jp/content/20200109-mxt_tokubetu01-00069_3_2.pdf（2024 年 4 月 11 日閲覧）.

文部科学省（2021）．学習指導要領の趣旨の実現に向けた個別最適な学びと協働的な学びの一体的な充実に関する参考資料（令和 3 年 3 月版）．https://www.mext.go.jp/content/210330-mxt_kyoiku01-000013731_09.pdf（2024 年 3 月 15 日閲覧）.

文部科学省（2022）．通常の学級に在籍する特別な教育的支援を必要とする児童生徒に関する調査結果について．https://www.mext.go.jp/content/20230524-mext-tokubetu01-000026255_01.pdf（2024 年 3 月 15 日閲覧）.

東京大学 PHED 障害学生支援スタンダード集 根拠資料とその取扱い．https://phed.jp/about/standard/DGstandard.pdf（2023 年 3 月 9 日閲覧）.

第 7 章

川﨑聡大・宇野彰（2005）．発達性読み書き障害児 1 例の漢字書字訓練．小児の精神と神経，*45*(2)，177-181.

水野奈緒美・川﨑聡大・後藤多可志・荻布優子・和泉慶子・伊藤和子（2012）．流暢性の向上を目指した発達性：dyslexia 児一例のひらがな書字指導経過．言語聴覚研究，*9*(3)，150-158.

【著者紹介】

川﨑 聡大 （かわさき・あきひろ）

立命館大学産業社会学部人間福祉専攻教授

大阪医科薬科大学小児高次脳機能研究所（非常勤講師）

岡山大学大学院医歯学総合研究科生体制御科学専攻博士課程修了博士（医学）、公認心理師、言語聴覚士、特別支援教育士スーパーバイザー

主な著書：『［中学校］通級指導教室担当の仕事スキル：「学びの保健室」となり生徒に自信を育むコツ』（監修、明治図書）、『発達心理学：公認心理師カリキュラム準拠』（医歯薬出版、分担執筆）、『講座・臨床発達心理学5 言語発達とその支援』（ミネルヴァ書房、分担執筆）など多数。

装丁 三好 誠［ジャンボスペシャル］

ディスレクシア・ディスグラフィアの理解と支援
読み書き困難のある子どもへの対応

2024年10月10日 初版第1刷発行
2024年11月1日 初版第2刷発行

著 者 川﨑聡大
発行者 杉本哲也
発行所 株式会社 学 苑 社
東京都千代田区富士見2−10−2
電話 03（3263）3817
FAX 03（3263）2410
振替 00100−7−177379
印刷・製本 藤原印刷株式会社

検印省略

乱丁落丁はお取り替えいたします。
定価はカバーに表示してあります。

ISBN978-4-7614-0860-2 C3037　　©2024 Printed in Japan

特別支援教育

「自分に合った学び方」「自分らしい生き方」を見つけよう
星と虹色なこどもたち

星山麻木【著】
相澤るつ子【イラスト】

B5判●定価2200円

さまざまな特性のある、こどもたちの感じ方・考え方を理解し、仲間同士で助け合うための方法を提案。一人ひとりのこどもを尊重するために。

発達障害

発達障害のある子のパーソナルデザイン
「ぼくにぴったり」のノウハウとコツを見つけて

添島康夫・霜田浩信【編著】

B5判●定価2420円

この子にぴったりの活動・学び・やりがいを見つけたい。発達障害のある子が、今、求めている「パーソナルデザイン」。

発達支援

非認知能力を育てる発達支援の進め方
「きんぎょモデル」を用いた実践の組み立て

関西発達臨床研究所【編】
高橋浩・山田史・天岸愛子・若江ひなた【著】

A5判●定価2090円

子どもの充実した成長・発達につながる非認知能力を育てるための「きんぎょモデル」を紹介。笑顔を生み出す楽しい発達支援！

発達障害

学校や家庭でできる！
SST＆運動プログラムトレーニングブック

綿引清勝・島田博祐【編著】

B5判●定価2090円

「ソーシャルスキルトレーニング」と「アダプテッド・スポーツ」の専門家が提案する学校や家庭で今日からできる50の実践プログラム。

発達支援

感覚と運動の高次化理論に基づく教材の活用とかかわりの視点
発達支援スタートブック

池畑美恵子【監修】
冨澤佳代子【編著】

B5判●定価2530円

「感覚と運動の高次化理論」に基づいた教材・教具・アクティビティを紹介。その活用を通して、子どもの発達の理解や実践の工夫につなげる。

特別支援教育

「子どもの気持ち」と「先生のギモン」から考える
学校で困っている子どもへの支援と指導

日戸由刈【監修】
安居院みどり・萬木はるか【編】

B5判●定価2200円

先生のギモンや子どもの気持ちの背景にある発達特性を知り、適切な支援につなげることができれば、先生も子どもも、もっと楽になるはず！

税10%込みの価格です

学苑社

Tel 03-3263-3817
Fax 03-3263-2410

〒102-0071 東京都千代田区富士見2-10-2
E-mail: info@gakuensha.co.jp   https://www.gakuensha.co.jp/